- ◎ 教育部人文社会科学研究青年基金项目（17YJC790042）
- ◎ 国家自然科学基金青年科学基金项目（71703037）
- ◎ 湖南省哲学社会科学基金项目（17YBQ061）

资助出版

基于政策确定性的一般公共预算制度安排研究

Study on the Arrangement of the General Public Budget System for Policy Certainty

龚 旻 ◎ 著

中国矿业大学出版社
China University of Mining and Technology Press

·徐 州·

图书在版编目（CIP）数据

基于政策确定性的一般公共预算制度安排研究/龚旻著.—徐州：中国矿业大学出版社，2019.12

ISBN 978-7-5646-4575-5

Ⅰ.①基… Ⅱ.①龚… Ⅲ.①国家预算-预算制度-研究-中国 Ⅳ.①F812.3

中国版本图书馆CIP数据核字(2020)第013582号

书　　名	基于政策确定性的一般公共预算制度安排研究
著　　者	龚　旻
责任编辑	耿东锋
出版发行	中国矿业大学出版社有限责任公司
	（江苏省徐州市解放南路 邮编 221008）
营销热线	（0516）83884103　83885105
出版服务	（0516）83995789　83884920
网　　址	http://www.cumtp.com　E-mail：cumtpvip@cumtp.com
印　　刷	湖南省众鑫印务有限公司
开　　本	710 mm×1000 mm　1/16　印张 13.5　字数 189千字
版次印次	2020年8月第1版　2020年8月第1次印刷
定　　价	78.00元

（图书出现印装质量问题，本社负责调换）

龚旻 湖南工商大学财政金融学院讲师，武汉大学经济学博士，主要研究方向为财税政策不确定性与财税制度。主持国家自然科学基金青年科学基金项目一项、教育部人文社会科学研究青年基金项目一项、湖南省哲学社会科学基金项目一项。在《财贸经济》《财政研究》《税务研究》和 Economic Modelling 等权威期刊发表论文十余篇。

前　言

本书主要研究促进财税政策确定性的一般公共预算制度安排的问题[①]。

《中华人民共和国预算法》规定，政府预算由一般公共预算、政府性基金预算、国有资本经营预算和社会保险基金预算组成。其中，一般公共预算反映的是公共部门提供公共商品和从事收入再分配的微观职能，是我国公共经济中基本的预算制度。

合理安排一般公共预算制度是保证市场经济有效、稳定运行的基本前提。首先，一般公共预算是通过税收的筹集和分配来实现的，而税收会在私人部门和公共部门之间配置社会资源。因此，如果一般公共预算制度不能保证政策的可预期性，公共部门在进行资源配置和收入分配活动时就会对私人经济的有效运行形成扭曲，从而导致市场经济的效率损失。其次，宏观调控是公共部门的基本职能。宏观调控是总量调节。财政宏观调控主要是通过一般公共预算的相机调控实现的。所以，如果一般公共预算制度安排不能形成有效约束，公共部门在经济调控时就可能依赖相机政策对市场经济的微观结构进行过度干预。宏观政策的不稳定不但使得宏观调控的稳定职能丧失，而且会破坏市场经济稳定发展的微观基础。

从现实情况来看，我国一般公共预算制度并不完全能为财税政策的稳定提供制度基础。其具体表现为：我国一般公共预算制度缺乏对公共部门的刚性

----

① 本书研究涉及的时间至 2017 年。

约束机制，使得私人经济和公共经济的边界模糊。在此背景下，公共部门更倾向于利用财税政策调节经济，而忽视政策本身的稳定性。我国经济发展长期陷入"一放就乱、一乱就收、一收就死、一死就放"的怪圈就是明证。因此，深化当前我国财政体制改革的重点应该是合理安排一般公共预算制度，构建财税政策的确定性规则。

本书认为，公共预算的中性准则是财税政策约束规则的核心所在。这是由市场经济中，价格机制在资源配置和收入分配中起决定性作用的规律所决定的。财税政策的约束规则要求公共预算的收入来源和支出用途都有明确的规定，并反映在公共预算制度的约束机制中。这是保证公共预算制度能规范政府行为、明晰政府与市场边界、实现预算透明和制度稳定的前提。公共预算中性准则要求政府的资源配置和收入分配活动不影响有效的市场资源配置，这是市场在资源配置中起决定性作用的必要条件。具体体现在一般公共预算制度中，公共预算中性需要税收中性、预算中性、分税中性和转移支付中性来保证。因此，在市场经济中构建合理的一般公共预算制度，就应该按照公共预算中性准则来安排税制、分税和转移支付制度，并依此建立起内生的确定性约束机制。这也是本书研究的主要创新之处。

具体来说，基于税收中性和预算中性的税制安排是总体上保证公共预算中性的基础，主要包括税种设置和税负设计两个方面的内容。按照中性要求，税种可以分为一般税和特种税。一般税是对所有税基普遍课征的税种；特种税是在一般税基础上选择一部分税基重复课征的税种。因此，税收中性要求在税种设置上将一般税作为中性税制的基础，而特种税作为中性税制的补充。同时，预算中性还需要在税种的使用方向和税负设计的安排中体现出来。公共商品根据需求的普遍程度可以分为一般公共商品和特种公共商品。一般公共商品是满足居民普遍需求的公共商品；特种公共商品是在一般公共商品基础之上满足一部分居民特殊需求的公共商品。据此，预算中性就要求普遍课征的一般税应该专门用于普遍需求的一般公共商品，且一般税的总体税负由一般公共商品的支出水平确定；特别课征的特种税应该根据其税基的对应性专门用于受益明确的特种公共商品，且各特种税税种的税负由相应特种公共商品的支出水平确定。

同时，由于公共商品根据受益范围不同有全国性和地方性之分，并且公共劳务均等化需要中央政府的统筹协调来实现，因此，要保证效率和公平，公共预算的事权和财力就需要在中央政府和地方政府之间进行划分。这为公共预算在结构上保持中性提出了要求。这一要求体现在一般公共预算制度上就是要按照分税中性和转移支付中性来安排分税和转移支付制度。根据生产再循环特点，税种可以区分为流量税和存量税。具体来看，流量税中的一般税具有流动性强且纳税人和公共商品受益联系不紧密的特点，因此应划为中央一般税，由中央政府根据税收中性和预算中性统筹分配。一方面，中央政府应将流量一般税用于提供全国性一般公共商品；另一方面，流量一般税剩余部分则应作为一般转移支付基金，分配给地方形成地方一般税。由于一般公共商品属于公共劳务均等化的范畴，因此在一般转移支付基金的分配中，中央政府还需要考虑各地方政府关于一般公共商品的支出需求和收入能力。对于地方政府而言，除了一般转移支付外，地方一般税还包括流量一般税的附加税和房地产税。其依据是，前者可视为外地居民在本地享受地方性一般公共商品的付费；后者可衡量本地居民享受地方性一般公共商品的程度。在地方一般税的支出安排方面，为了保证税收中性要求，就需要地方政府将地方一般税专门用于提供地方性一般公共商品。关于流量税和存量税中的特种税，则应该根据税收中性原则相应划为中央和地方的特种税，并在支出安排上明确和相应的特种公共商品对应。另外，由于特种公共商品通常具有外部性，因此需要中央政府将对应特种税作为专项转移支付基金分配给地方政府，用于提供相应特种公共商品，以实现外部经济内部化。

按照以上安排，就可以根据公共预算中性原则在一般公共预算制度内部形成内生的约束机制,既保证了对政府经济活动的确定性约束,又为市场经济有效、稳定的发展奠定了制度基础。这一制度安排在理论上为我国一般公共预算制度的重构提供了一个重要的思路。

就我国一般公共预算制度改革的路径来看,本书认为,中性税制改革是其突破口,这是由税制在一般公共预算制度中的基础性地位决定的。具体而言,在税种设置方面,应逐步整合完善我国的一般税,精简特种税。过去我国的商品劳务一般税由增值税和营业税组成,生产要素一般税由个人所得税和企业所得税组成,这样的制度安排并不利于中性。目前的"营改增"对商品劳务一般税的统一具有重要的意义。而生产要素一般税的完善则需要建立在厘清收入分配关系和整合个税的基础上。我国的特种税主要按"调节"要求设置,导致了重复征税过多,因此应按税收中性原则设置特种税,建立边界明确的特种税制度;在税负设计方面,应分别根据一般公共商品和特种公共商品的支出需求确定一般税和特种税的税负水平,这样既可以在制度上稳定税负,又可以对政府的税收政策形成确定性约束。在税制改革的基础上,还需要按中性原则逐步推进我国分税和转移支付制度改革。首先,需要在清晰界定市场和政府事权边界、公共预算和其他预算事权边界的基础上,明确公共预算的资源配置事权和收入分配事权在政府间的分配。这是构建我国中性分税和转移支付制度的前提。其次,需要按税收中性和预算中性原则在中央政府和地方政府间明确划分税种,明确流量一般税的附加税的开征依据,完善我国房地产税,这是构建我国中性分税和转移支付制度的基础。最后,需要根据税收中性和预算中性原则建立一般和专项转移支付基金,按税收中性要求和公共劳务均等化要求完善一般转移支付基金的分配制度,按外部经济内部化的要求完善专项转移支付基金的分配制度,这是构建我国中性分税和转移支付制度的保障。

著　者

2019 年 8 月

目　录

第1章　导论	1
1.1　研究背景与研究意义	1
1.1.1　研究背景	1
1.1.2　研究意义	3
1.2　研究对象的理论界定	4
1.2.1　一般公共预算制度的界定与构成	4
1.2.2　一般公共预算制度与其他预算制度	7
1.2.3　一般公共预算制度与公共预算的管理制度	10
1.2.4　一般公共预算制度安排的目标界定：效率与公平	11
1.3　文献综述	13
1.3.1　公共预算政策对市场经济影响的研究	13
1.3.2　公共预算的约束问题研究	19
1.4　研究方法与研究框架	26
1.4.1　研究方法	26
1.4.2　研究框架	26
1.5　研究创新及不足之处	29
1.5.1　研究创新点	29

1.5.2　研究不足之处 ································· 30

第2章　一般公共预算制度安排的基本准则 ··················· 31
2.1　公共预算确定性约束准则 ························· 31
　　2.1.1　公共预算确定性约束的经济学基础 ··············· 32
　　2.1.2　公共预算确定性约束的内涵 ····················· 34
2.2　公共预算中性准则 ······························· 36
　　2.2.1　公共预算中性的经济学基础 ····················· 36
　　2.2.2　公共预算的总体中性：税收中性和预算中性 ······· 45
　　2.2.3　公共预算的结构中性：分税中性和转移支付中性 ··· 47
2.3　本章小结 ······································· 49

第3章　一般公共预算制度的总体安排：基于税收中性和预算中性的税制安排 ································· 53
3.1　税种设置分析 ··································· 53
　　3.1.1　一般税和特种税 ······························· 54
　　3.1.2　基于税收中性的税种设置 ······················· 55
3.2　税负设计分析 ··································· 63
　　3.2.1　一般公共商品和特种公共商品 ··················· 64
　　3.2.2　基于预算中性的税负设计 ······················· 65
3.3　本章小结 ······································· 68

第4章　一般公共预算制度的结构安排：基于分税中性和转移支付中性的分税和转移支付制度安排 ······················· 71
4.1　事权划分分析 ··································· 72
　　4.1.1　公共商品供给事权在政府间的划分 ··············· 72

4.1.2 收入再分配事权在政府间的划分 ··· 78
4.2 税种划分分析 ··· 79
4.2.1 中央一般税的配置和支出安排 ··· 80
4.2.2 地方一般税的配置和支出安排 ··· 82
4.2.3 特种税的配置和支出安排 ··· 83
4.3 转移支付制度安排分析 ··· 86
4.3.1 一般转移支付基金及其分配 ··· 87
4.3.2 专项转移支付基金及其分配 ··· 89
4.4 本章小结 ··· 91

第5章 中国一般公共预算制度安排的现状与财税政策不确定性的评估 ··· 95
5.1 中国一般公共预算制度安排的现状 ··· 95
5.1.1 中国税制安排的现状与问题 ··· 96
5.1.2 中国分税和转移支付制度安排的现状与问题 ··· 100
5.2 中国财税政策不确定性的量化评估 ··· 103
5.2.1 模型设定：财税政策不确定性指标的构建 ··· 103
5.2.2 数据和估计方法说明 ··· 107
5.2.3 回归结果分析 ··· 109
5.2.4 财税政策不确定性指标在财政体制改革前后的比较 ··· 111
5.2.5 财税政策不确定性指标在地区间的比较 ··· 112
5.3 中国一般公共预算制度非中性特征对财税政策不确定性影响的实证检验 ··· 118
5.3.1 一般公共预算制度非中性特征指标的选取 ··· 118
5.3.2 模型设定：基于面板 probit 模型 ··· 119
5.3.3 数据和估计方法说明 ··· 120

　　　　5.3.4　估计结果说明 …………………………………………… 122
　　5.4　本章小结 …………………………………………………………… 127

第6章　一般公共预算制度、财税政策不确定性与资源配置效率 ……… 129
　　6.1　一般公共预算制度下财税政策不确定性对资源配置效率影响的机制分析 ………………………………………………………………… 129
　　　　6.1.1　财税政策不确定性对市场资源配置效率影响的经济学分析 ………………………………………………………………… 130
　　　　6.1.2　中国一般预算制度下财税政策不确定性对资源配置效率影响的具体机制分析 ……………………………………………… 131
　　6.2　中国一般公共预算制度下财税政策不确定性对资源配置效率影响的实证分析 ………………………………………………………… 132
　　　　6.2.1　模型设定：基于SFA模型 ……………………………… 132
　　　　6.2.2　数据和估计方法说明 …………………………………… 135
　　　　6.2.3　财税政策不确定性对资源配置效率影响的实证分析 … 136
　　　　6.2.4　一般公共预算制度非中性特征对资源配置效率影响的实证分析 …………………………………………………………… 141
　　6.3　本章小结 …………………………………………………………… 143

第7章　一般公共预算制度、财税政策不确定性与宏观经济稳定 ……… 145
　　7.1　一般公共预算制度下财税政策不确定性对宏观经济稳定影响的机制分析 ………………………………………………………………… 145
　　　　7.1.1　财税政策不确定性对宏观经济稳定影响机制的经济学分析 ………………………………………………………………… 145
　　　　7.1.2　中国一般公共预算制度下财税政策不确定性对宏观经济稳定影响的具体机制分析 ……………………………………… 149

7.2 中国一般公共预算制度下财税政策不确定性对宏观经济稳定影响的实证分析 ………………………………………………………… 151
  7.2.1 模型设定：基于动态面板模型 ………………………………… 151
  7.2.2 数据与估计方法说明 …………………………………………… 152
  7.2.3 财税政策不确定性对宏观经济波动影响的实证结果分析 …………………………………………………………………… 153
  7.2.4 一般公共预算制度非中性特征对宏观经济波动影响的实证分析 …………………………………………………………… 155

7.3 中国一般公共预算制度下财税政策不确定性对宏观经济稳定影响的脉冲响应分析 ……………………………………………… 159
  7.3.1 模型设定：基于面板 VAR 模型 ……………………………… 159
  7.3.2 财税政策不确定性对宏观经济波动影响的脉冲响应分析 …………………………………………………………………… 160
  7.3.3 一般公共预算制度非中性特征对宏观经济波动影响的脉冲响应分析 ………………………………………………………… 163

7.4 本章小结 ……………………………………………………………… 166

第 8 章 对我国一般公共预算制度的改革建议 ……………………… 167

8.1 改革目标与突破口 …………………………………………………… 168
  8.1.1 改革目标 ………………………………………………………… 168
  8.1.2 改革突破口 ……………………………………………………… 170

8.2 改革路径 ……………………………………………………………… 171
  8.2.1 基于税收中性和预算中性的税制改革 ………………………… 171
  8.2.2 基于分税中性的分税安排改革 ………………………………… 176
  8.2.3 基于转移支付中性的转移支付制度改革 ……………………… 180

8.3 本章小结 …………………………………………………… 182

参考文献 ………………………………………………………………… 185

第1章 导　　论

1.1 研究背景与研究意义

1.1.1 研究背景

改革开放以来，特别是1992年党的十四大提出建立社会主义市场经济体制以来，我国经济开始呈现出高速增长的态势。但是，随着市场化改革的深入，在维持高增长的同时，各种结构性矛盾日益突出，这使越来越多的学者注意到，我国的经济增长方式是不可持续的。

事实上，我国现行经济增长方式的一个重要特征就是：公共部门过度依赖财税政策工具对经济进行短期调节，导致市场经济运行的内生微观机制难以发挥作用。具体说来，公共部门在从事资源配置和收入再分配时缺乏确定性的约束机制，导致私人经济和公共经济的边界模糊不清，使得公共部门倾向于利用财税政策缓解经济中存在的问题，而忽视政策本身的稳定性，从而导致市场经济的微观结构长期失调。而当微观结构出现问题时，公共部门又会依赖相机抉择的政策和手段进行外部调节，从而使我国的市场经济发展陷入难以自我稳定的恶性循环。我国几十年来无法跳出"'一放就乱、一乱就收、一收就死、一死就放'的怪圈，并每次最终都以行政手段的复出而告终"就是明证（张馨 等，2007）。

现代市场经济是十足的混合体制，只有私人部门和公共部门的分工合作，才能保证市场经济的健康发展。而实现这一条件的一个必要前提，就是公共经济的活动对于私人部门来说是可预期的。根据公共经济学理论，私人部门主要进行私人商品的配置和收入的初次分配；公共部门则主要履行三大职能，即公共商品的配置、收入的再分配和宏观调控，其中公共商品的配置和收入的再分配属于公共部门的微观职能，而宏观调控则属于其宏观职能。在市场经济理论中，私人部门的职能、公共部门的微观职能和宏观职能这三大范畴的关系是明确的：微观经济层面上，私人部门所依赖的价格机制是资源配置和收入分配最有效的机制，在市场经济中发挥决定性作用，所以公共部门的资源配置和收入再分配活动要以不干扰私人经济的有效运行为前提；宏观经济层面上，公共部门的宏观调控是总量调节，其应该以不破坏私人经济和公共经济合理的微观结构为前提①。这是保证公共经济活动可预期性的前提。

那么，具体怎样来保证公共政策的确定性和可预期性呢？从现实的制度安排来看，公共商品的配置和收入的再分配是通过公共预算的收支安排来实现的，而宏观调控通过公共预算的总量规模调节来实现，因此公共预算是公共经济的核心预算，公共预算制度是公共部门的基本约束制度。从经济学的角度来看，公共预算主要涉及税收的使用和安排，所以公共预算制度包括税制、分税和转移支付制度。这就意味着，按照市场经济要求合理安排包括税制、分税和转移支付制度在内的公共预算制度，对公共部门的经济活动形成确定性约束，这是保证公共政策的确定性和可预期性的必要条件。

我国的市场经济是基于社会主义公有制背景的。2014年8月31日修正的《中华人民共和国预算法》（以下简称《预算法》）规定，公共部门的预算由一般公共预算、政府性基金预算、国有资本经营预算和社会保险基金预算四类组成。其中，一般公共预算即反映公共商品配置和收入再分配的预算。因此，在

---

① 这一认识实际上将财政区分为微观财政和宏观财政（吴俊培 等，2001），这和当前主要将财政视为宏观问题的主流范式是存在区别的。

一般公共预算制度中构建明确的约束机制就是保证我国社会主义市场经济有效、稳定运行的基础和前提。

我国现行的一般公共预算制度是1994年前后的税制改革和分税制改革中基本确立的。尽管其是按照市场经济的形式来进行构造的，但是由于各方面的原因，仍然保留了原制度的基本特征，因而在实质上和市场经济的基本要求还存在差距。其具体的表现就是不能对公共部门的资源配置和收入再分配活动形成确定性约束，模糊了私人经济和公共经济的边界。

随着市场化改革的不断推进，一方面，经济增长所依赖的各种红利开始逐渐递减；另一方面，微观结构问题又逐渐凸显和加深。在这样的背景下，不合理的一般公共预算制度越来越成为我国市场经济发展的桎梏。基于此，2013年党的十八届三中全会通过的《中共中央关于全面深化改革若干重大问题的决定》(以下简称《决定》)提出："经济体制改革是全面深化改革的重点，核心问题是处理好政府和市场的关系，使市场在资源配置中起决定性作用和更好发挥政府作用。"并且，《决定》明确指出："财政是国家治理的基础和重要支柱，科学的财税体制是优化资源配置、维护市场统一、促进社会公平、实现国家长治久安的制度保障。"

正是基于这样的背景，本书将研究主题定为"基于政策确定性的一般公共预算制度安排"。本书以"稳定财税政策环境，保证市场在资源配置中起决定性作用"为研究目标，首先，从理论上提出一整套促进财税政策稳定性的一般公共预算制度安排的框架；其次，结合当前现状和相关的计量经济技术，从经验角度对我国财税政策的不确定性进行了量化评估，并检验了其对我国市场经济资源配置效率和经济稳定的影响；最后，从突破口和改革路径的角度提出了改革我国一般公共预算制度的政策建议。

1.1.2 研究意义

本书从市场经济的基本原理和基本要求出发，从总体和结构两个层次提出了一整套一般公共预算制度安排，从制度设计的层面回答了如何强化预算约束，如何促进财税政策稳定性的问题，对于进一步完善我国社会主义市场经济体制来说具有十分重要的理论意义。

党的十八届三中全会以来，我国市场经济改革开始强调市场要在资源配置中起决定性作用。特别是2014年以来，"新常态"被提出，明确我国经济进入"从高速增长转为中高速增长，经济结构优化升级，从要素驱动、投资驱动转向创新驱动"的新常态，转变经济增长方式、优化经济结构成为当前经济改革的重点。这些目标的实现有赖于经济体制改革的进一步深化，而按照市场经济要求改革我国一般公共预算制度正是其题中之意。因此，对一般公共预算制度的安排展开研究也具有较强的现实意义。

1.2 研究对象的理论界定

1.2.1 一般公共预算制度的界定与构成

1.2.1.1 一般公共预算制度的界定

Musgrave（马斯格雷夫）认为，公共部门有三大职能，即公共商品[①]的配置职能、收入的再分配职能和宏观经济的稳定职能。在现实的制度安排中，公共部门的职能通过事权和财力的形式在预算中表达出来，形成公共部门的预算，以对公共部门行使其职能形成约束。如果按照纯粹的逻辑推导，那么公共部门的预算应该包括配置预算、分配预算和稳定预算三种或者说三项职能。但是由

---

① "公共商品"是从公共经济学的核心概念"public goods"翻译而来的。中国学者似乎喜欢译成"公共品"。实际上，公共品不是一个经济分析概念，只有商品才是经济分析概念。公共商品虽然形式上没有私人商品的买卖关系，但公共商品效率仍然应该满足边际成本等于边际收益的准则，难点在于成本、收益的外部性问题。这是萨缪尔森把税收视为个人消费公共商品所支付的价格的原因所在。

于三大职能的关系错综复杂，在现实中要根据职能编制三本不同性质的预算是不可能的(吴俊培，2009)，因此，公共部门的三大职能通常反映在一本预算中——在我国对应的是一般公共预算(general public budget)。

根据新《预算法》的定义，一般公共预算是"对以税收为主体的财政收入，安排用于保障和改善民生、推动经济社会发展、维护国家安全、维持国家机构正常运转等方面的收支预算"。这也就是说，一般公共预算反映的是公共部门的税收筹集和使用安排活动。

从最简单的形式来看，一般公共预算只是"一份或者一套文件，涉及一个组织的财务状况以及未来的计划，包含了关于收入、支出、活动、目标的信息"(Lee et al，2011)，但其具体的实现是需要一系列制度安排的。公共部门的税收筹集和使用安排涉及一整套预算制度，这就是一般公共预算制度(general public budget system)。一般公共预算制度是规范公共部门从事公共商品配置、收入再分配和宏观调控职能的基本约束制度。

从公共部门微观职能的角度来说，一般公共预算制度和价格机制一起可以被认为是市场经济中从事资源配置和收入分配的两大机制。社会资源需要在公共部门和私人部门之间进行配置和分配。由于资源是稀缺的，因此资源在二者之间的分配存在此消彼长的关系。这就需要公共部门通过一般公共预算做出合理的安排：将多少社会资源通过税收的形式转化为公共资源，不同的产业和部门的税负如何。否则就会导致社会资源在公私之间的配置不合理，从而影响到整个市场经济资源配置和分配的有效性。这意味着一般公共预算制度的安排直接关系到市场经济微观结构的合理性。

从公共部门宏观职能的角度来说，宏观调控实际上是通过一般公共预算的总量规模调整来实现的，但要充分发挥公共预算总量调整的作用同样需要基于一般公共预算制度的合理安排。这主要是因为，如果一般公共预算制度不能对公共部门形成有效的约束，一方面会导致公共部门的相机抉择型政策忽视宏观经济形势而过度关注其他目标（Fatás et al, 2003；方红生 等, 2009；吴俊培 等, 2015），反而使相机政策呈现出顺周期的特征，加剧经济的波动；另一方面会导致所谓的"时间不一致问题"（Kydland et al, 1980；张馨 等, 2007），使微观主体难以形成稳定的预期，从而加剧经济波动。

1.2.1.2 一般公共预算制度的构成

如前所述，一般公共预算制度是一整套涉及公共部门税收筹集和使用安排的制度。具体来说，可以从两个层面来看一般公共预算制度中的税收筹集和使用安排问题。其一，从总体上看，涉及通过什么样的制度来征税，征多少税，以及税收如何安排；其二，从结构上看，当税征收后，由于公共部门存在级次，因此为了顺利履行公共经济的基本职能，还需要在不同的公共部门之间进行税收和事权的分配。对应在一般公共预算制度的安排中，税收筹集和使用的总体安排主要是通过税制来实现的，而税收筹集和使用的结构安排则主要是通过分税和转移支付制度来处理的。这就是说，一般公共预算制度包括税制、分税和转移支付制度，其从总体和结构两个层面对公共部门的税收筹集和使用安排活动形成预算约束。

具体来说，税制包括税种设置和税负设计两个核心。首先，税种是公共部门税收课征的具体形式。尽管无论什么税种都可以帮助公共部门筹集到必要的收入来源，但是，不容忽视的是不同的税种实际上具有不同的性质，而税制的性质也是由其内部不同税种的性质的组合所决定的，这就意味着，税种的选择对税制的性质有真实的影响。因此，税种设置是税制安排的基本要素之一。其次，在税种设置的前提下，不同的税种设定多高的税负水平对于税制安排来说同样至关重要。一方面，从税的性质来说，税负水平的设定相当于对公共商品的定价。如果不同性质的税种其税负水平的比例关系不合理，则意味着不同性质的公共商品并没有实现收益和成本的内部化。另一方面，如果只有税种设置，而没有明确的税负设计，那么，公共部门在制定税负上就具有更大的随意性，从而导致公共经济在市场经济中界限变得模糊。因此，只有同时从税种设置和税负设计两个方面入手，才能对税制有明确的规定。

顾名思义，分税和转移支付制度包括税种划分和转移支付制度两项。一方面，税种划分就是在不同级次的公共部门间对税种进行分配，这和传统的税收划分是有区别的。如前所述，不同的税种具有不同的性质，因此将不同性质的税种在各级次公共部门之间划分的不同安排就会对公共预算制度的性质产生实在的影响。而如果只是从税收划分的角度来进行分析的话，则会模糊税种的不同性质的问题，因而不利于对公共预算制度的性质进行细致的探讨。另一方面，转移支付制度就是在税种划分的基础上，根据财力和事权的矛盾在各级公共部门之间进行税收收入的再分配。税种划分是基于公共预算制度的性质进行考虑的，因此并没有顾忌到各级次公共部门之间财力和事权匹配的原则。并且，公共商品需要在不同级次公共部门之间进行均等化供给，且某些公共商品在不同地区之间存在外溢性。这一系列的原因就需要转移支付制度来统筹考虑。因此，只有通过税制划分和转移支付制度，才能完整地在各级次公共部门之间对税收收入进行分配。

1.2.2 一般公共预算制度与其他预算制度

2014年8月31日，全国人民代表大会常务委员会通过了修正的《预算法》，并于2015年1月1日起施行。根据《预算法》的规定，我国实行全口径预算管理。新的预算体系由四类预算组成，分别是一般公共预算、政府性基金预算、国有资本经营预算和社会保险基金预算。具体来看，四类预算所反映的公共资金来源和事权安排在性质上存在本质的区别，因此，四类预算的性质及其相应预算制度的性质也有差异。

政府性基金预算是"对依照法律、行政法规的规定在一定期限内向特定对象征收、收取或者以其他方式筹集的资金,专项用于特定公共事业发展的收支预算"[①]。从这一定义可以看出,政府性基金预算具有财源和事权明确对应的专项预算特征。具体从财源来看,主要是对"特定"对象征收的资金;而从事权来看,主要是针对"特定"公共事业。从实际的安排来看,我国政府性基金预算主要用于交通、电力、水利、通信、网络等自然垄断行业,因此,政府性基金预算定义中的"特定"一词实际上可以用商品的排他性和非竞争性来界定。一方面,排他性意味着这类商品的消费和供给可以实现收益成本的内部化,所以可以通过价格机制的方式进行配置。因此,政府性基金预算中的"特定对象"实际上就是相应商品的受益者,对特定对象所征收的资金本质上就是该公共商品的价格。另一方面,非竞争性意味着该公共商品具有平均成本递减的特征。具体来说,就是一旦提供就不需要再次提供。例如电力设施一旦建成,该线路的所有居民都能获益。如果对同一线路的电力设施再次建设,就会造成重复建设。所以,对于这类商品供给者不但会自然形成垄断,而且也有必要垄断。因此,公共部门可以对这类商品进行管制。在具体的管制形式上,由于排他性确定了价格机制可以发挥作用,即私人部门可以对其进行配置,因此既可以采取民营但政府管制的方式,也可以采取国有国营但按价格机制进行配置的方式。

国有资本经营预算是"对国有资本收益作出支出安排的收支预算"[②]。我国是社会主义市场经济体制,所以,我国的所有制结构是以公有制为主体,多种所有制经济共同发展。在具体的表现上,就是对于关系到国家安全和国民经济命脉的重要行业和关键领域,通过国有经济的形式加以控制。我国的这一特殊国情就决定了我国的国有资本相对于其他市场经济国家所占的比重更大。因此,为了提高对国有资本的利用效率,就有必要对国有资本的经营进行预算管

---

① 见《预算法》第一章第九条。
② 见《预算法》第一章第十条。

理。从具体的分布来看，主要集中在烟草、石油石化、电力、电信、煤炭等行业。根据2013年国有资本经营预算的决算数据来看，这五个行业的利润分别占所有国有资本利润的23.19%、22.96%、10.81%、8.54%和8.02%。从这些行业来看，其商品基本上都具有排他性，也就是说私人部门可以根据价格机制对其进行配置。因此，在具体的管理方式上，从事国有资本经营的国有企业通常是既坚持公有制，又按符合市场化要求的方式进行管理。

社会保险基金预算是"对社会保险缴款、一般公共预算安排和其他方式筹集的资金，专项用于社会保险的收支预算"[①]。从社会保险基金预算所反映的事权来看，是养老、医疗、失业等社会保险支出，而其财源主要来自社会保险缴款、一般公共预算安排等。从事权性质而言，社会保险主要是强制社会居民参加的共同抵御自然和社会风险的保险，和社会基本保障存在本质的区别。社会基本保障是公共部门为了保障没有收入或收入过低的居民基本生存需要的支出。社会基本保障本质上属于公共经济基本的收入再分配职能，是将全体居民的一部分税收用于补贴无收入或低收入群体，因此并不具有对应性。所以，社会基本保障支出主要体现在一般公共预算之中。社会保险在本质上属于资源配置职能，属于社会福利的范畴。从财源上看，社会保险缴款和社会保险支出有明确的对应关系。根据具体的制度安排，不缴纳社会保险费的居民并不能享受到社会保险福利，因此具有明确的排他性。社会保险基金预算中安排一部分一般公共预算资金作为其收入来源，主要是因为社会保险具有一定的强制性，因此可以大致地认为所有居民都参加了社会保险，而一般公共预算中的资金来源主要是税收，带有强制性和普遍性，所以将一般公共预算的一部分资金安排用于社会保险在理论上也体现了收益成本内部化的要求。当然，在比例上具体应该如何确定则是另外的问题。

---

① 见《预算法》第一章第十一条。

尽管上述三类预算都属于公共经济预算的范畴，但是从其对应商品的性质上不难看出，其收益成本的对应性都较强，因此价格机制仍然可以在其中发挥基础性的作用。所以公共部门只是在私人部门经营的基础上进行适度管制或者按照符合价格机制要求的方式取代私人部门进行经营。在我国的公共经济预算体系中，只有一般公共预算所对应的职能是价格机制完全不能发挥作用的领域，因此需要公共部门完全通过预算制度发挥作用，其属于公共经济的基本范畴。从这个层面上讲，公共部门和私人部门在市场经济中地位都是同样重要的。所以，一般公共预算是我国公共经济预算体系中的基本预算，一般公共预算制度是公共经济的基本预算制度。因此，本书将研究对象设定为公共预算制度体系中的标杆——一般公共预算制度。

1.2.3 一般公共预算制度与公共预算的管理制度

由于方法的多样性，预算的概念呈现出碎片化的特征（Khan et al，2010）。公共预算通常可以从三个角度进行研究：经济学、管理学和政治学，所以在讨论预算制度时，如果不详加界定，通常对其具体内容难以有直观的把握。在此，主要探讨本书所研究的一般公共预算制度和公共预算的管理制度方面的区别，以明确本书研究对象的具体范围。

在此所谈及的公共预算的管理制度是指规范公共预算编制、执行、决算、审计等预算管理的制度。主流经济理论通常把效率区分为"资源配置效率"和"管理效率"，前者就是经济学通常所关注的帕累托效率，后者是指管理制度中蕴含的等待开发的效率宝藏（吴俊培，2009）。因此，合理设计公共预算的管理制度，科学安排公共预算的编制、执行、决算和审计等问题就可以进一步优化资源的利用效率。绩效预算、项目预算、零基预算、混合预算等概念就是在这一思路下提出的。

本书所探讨的一般公共预算主要是研究如何对公共部门的税收筹集和使

用安排活动形成确定性约束，关注的是社会资源配置的"经济效率"问题，主要涉及的是约束税收筹集和使用安排的税制、分税和转移支付制度。

主流经济理论在研究公共预算的"经济效率"问题时，通常假设其"管理效率"不变。实际上这样的做法是片面的。一般公共预算制度安排的合理化通常不但可以提高"经济效率"，而且有助于改善"管理效率"。例如，有学者指出，一般公共预算透明不仅是信息透明，更是一般公共预算制度透明。而预算制度透明正是预算管理的重要目标。但是一般公共预算制度对管理效率的作用相对间接，因此本书并不打算论及预算管理效率的内容。

1.2.4 一般公共预算制度安排的目标界定：效率与公平

如前所述，要通过一般公共预算制度的合理安排清晰界定私人经济和公共经济的边界，一个前提就是要保证公共部门在履行其职能时，对私人经济有效的资源配置和收入分配的影响中性。但通常公共部门为了保证社会公平，又要通过预算政策对市场经济进行非中性调节。这实际上就涉及经济学所面临的一个最基本的难题——效率和公平的权衡取舍问题。

效率和公平都是一般公共预算从事资源配置和收入分配的目标。但是效率和公平是存在矛盾的。资源配置和收入再分配是一个问题的两个方面。在实现市场经济一般均衡的条件下，改变初始的收入分配必然影响到价格机制所决定的资源配置状态。例如调节资源禀赋，会扭曲生产要素所有者消费和投资、工作和闲暇的激励，从而影响到资源配置效率。同时，公平还涉及价值标准的判断。不同的公平目标对效率也会产生不同程度的影响。罗尔斯主义用社会中福利最差者的境遇来衡量公平，功利主义者则用全社会总体福利最大化来衡量公平，而大多数公共经济学者是站在两个极端之间。

本书研究的一个基本立场是坚持价格机制在市场经济中的决定性作用。因此，本书强调一般公共预算制度安排应该保证公共部门的税收筹集和使用安排活动对私人经济的影响是中性的。但这并不表明本书不关注公共预算的公平目标。

首先，本书主张在坚持价格机制在市场经济中起决定性作用的基本框架下讨论公平问题。本书的研究目标就是要构建这一基本的制度框架。

其次，在当前公共部门过度干预导致价格机制不能充分发挥作用的背景下，效率的改善实际上可以改变目前的公平状况。如前所述，效率和公平矛盾的前提是市场经济实现一般均衡。但在我国当前背景下，价格机制按边际贡献分配要素收入的初次分配原则遭到破坏。米增渝（2012）发现，我国经济增长和不平等呈现出负向相关的趋势。因此，从逻辑上看，对公共部门形成预算约束，激活价格机制的作用，理顺初次分配的关系反而有利于社会公平。

最后，在"对私人经济影响中性"的原则下，本书对公平目标的讨论主要限制在以下两个方面：第一是适度地缩小初始禀赋差距，缩小起点的不公平，实现全体居民机会的均等化；第二是保证公共部门的公共商品配置活动符合"谁受益谁付费"的公平原则。具体体现在一般公共预算的事权上包括以下两个方面的内容：第一，要求公共部门在从事公共商品配置的过程中，应该符合公共劳务均等化的要求。这是因为大部分公共商品都是一个社会中消费者生存和发展的基本的要素禀赋，例如基础教育、基础医疗、公共交通等，如果在公共商品的供给上存在差异，就会制造人为的起点不公。第二，要求公共部门对于一部分收入低于社会基本生存需要的居民进行救助，即社会救济。

1.3 文献综述

1.3.1 公共预算政策对市场经济影响的研究

1.3.1.1 公共预算政策对市场经济微观效率的影响研究

对于税收问题研究的一个基本命题就是公共部门在课征税收时如何保证税收对私人部门资源配置的扭曲效应最小。Ramsey（拉姆齐）最早从商品税的角度提出所谓的拉姆齐法则，即为了保证税收的替代效应最小化，应该对价格弹性高的商品课低税，对价格弹性低的商品课高税，并从理论上证明了这种方法可以使商品税的超额负担最小。关于最优所得税的主要贡献则来自 Mirrlees（1971），他通过分析非线性所得税的最优化问题，得到了以下关于最优所得税的一般结论：首先，所得税的边际税率应该设定在 0 和 1 之间；其次，对社会中的最高收入者课征的所得税的边际税率应该为 0；最后，对于社会中的最低收入者，只要他们按最优状态从事工作，那么对他们设定的所得税的边际税率应该为 0。其结论的重要政策含义在于，如果所得税设置的累进税率结构过高，会影响生产要素所有者参与社会财富创造的热情，而社会中的高收入者通常就是对社会贡献最大的人。

在税收研究的这一基本研究范畴下，学者们开展了一系列更加具体的研究。Turnovsky（托洛维斯基）认为，在劳动力供给内生化的条件下，消费税和劳动所得税会对家庭在劳动和闲暇之间选择产生替代效应，这会进一步影响资本的边际回报和经济增长水平。因此消费税和劳动所得税不再是一次性总赋税。Kneller（尼勒）等通过实证分析发现，劳动所得税和资本所得税对经济增长产生了较大的扭曲效应。King（金）等估计了资本所得税的福利损失并得出结论，在新古典增长模型中，把资本所得税的税率从 20% 增加 10 个百分点所导致的社会福利损失相当于 16% 的消费；在简单内生增长框架中，所导致的社会福利损失则相当于 64.5% 的消费；在两部门内生增长模型中，所导致的社会福利损失相当于62.7%的消费。

在国内，孙玉栋(2009)研究发现，1994年税制改革以来，我国主体税制的税收政策存在调节累退性、调节力度弱化和低收入群体税负重等问题。刘溶沧和马拴友(2002)通过实证检验发现，通过投资、劳动供给和全要素生产率等途径，我国税收会对经济增长产生影响。其中，包括资本所得税和劳动所得税在内的所得税对我国经济增长产生了消极作用；而消费税微弱地促进了经济增长。严成樑和龚六堂(2012)基于一个资本积累与创新相互作用的内生增长模型发现，不同税种对应的经济增长效应与社会福利损失具有明显的差异。其中，资本所得税对经济增长的促进作用最大，但其所导致的社会福利损失也最大；而劳动所得税、企业所得税以及消费税对经济增长的促进作用较小，却导致了较大的社会福利损失。汪昊(2007)利用巴罗的税收平滑模型测算我国1995—2006年的税收超额负担发现，税收负担在此期间增长了2.09倍，但税收超额负担却增长了15.27倍，远远超过了税负的增加水平。这说明我国税收对经济的扭曲日益增加。欧阳华生等(2010)利用一个CGE模型框架测算我国税收的超额负担发现，我国税收的超额负担总体上处于较高的水平。他们利用2007年数据测算的结果显示，我国每1单位税收包含了0.4单位的超额负担。覃毅(2013)从柯布-道格拉斯效用函数推导出一个可操作的税收超额负担计算公式，并测算得知，2010年全国城镇居民仅在食品、服装、家庭设备用品和交通通信四类商品上所产生的增值税超额负担就高达140多亿元，大大超过了税收的增长速度。吴俊培和龚旻(2014)通过一个随机边界模型发现，我国增值税并没有起到均衡税负的作用，对商品服务业开征营业税和增值税导致增值税的中性效应减弱。不合理的分税又进一步加剧了这种非中性效应，从而导致增值税阻碍了我国资源利用效率的提高。

近年来，税收竞争成为我国一个重要的公共经济现象。Wilson(1999)发现，政府间通过税率手段进行投资竞争最终会导致资本在地区间的分布无效率。具体来说，在税率低的地区，资本过度流入；在税率高的地区，资本流入不足。付文林和耿强(2011)认为，我国东、中部省份的经济集聚可以给地方财政带来经济租金，因而会导致这些地区的税收激励政策呈现差异化竞争策略，从而会对地区间的均衡发展带来影响。薛刚和王笛认为，在我国财政分权和以 GDP 为主的绩效评估机制的激励下，地方政府普遍都具有强烈的引资冲动，这一激励机制加剧了地方税收竞争的激烈程度。地方政府间的税收竞争又使得 FDI（国际直接投资）在区域分布上不均，直接导致我国区域经济发展的不均衡。叶子荣和林翰(2007)认为，在我国政府间财政关系尚未理清，对地方政府行为的约束缺失的情况下，地方政府间税收竞争会出现异化的趋势，导致资源的配置扭曲，使公共服务的提供失效。吴俊培和王宝顺(2012)发现，在现行不合理的分税制财政体制下，我国地方政府间的税收竞争呈现无序的特征。我国激烈的税收竞争对地区发展的不平衡起到了加剧作用，从而又加重了中央政府调节地区不平衡的责任，使经济发展陷入恶性循环之中。

公共部门的财政支出主要是为了提供公共商品。但不同性质的公共商品对私人部门的资源配置和收入分配会带来不同的影响。我国近年来的支出政策具有较强的偏向性。例如，在以 GDP 作为地方官员绩效考核标准的"晋升锦标赛"的激励下，地方公共部门十分偏好建设性支出，导致大量的重复建设，也引致了过多的私人投资(周黎安，2007)。严成樑和龚六堂(2009)通过我国省级面板数据的检验发现，生产性公共支出对经济增长的影响和地区的吸收能力有关，在某些地区，生产性的公共支出可能促进经济增长，但在其他地区对经济增长的作用不显著，甚至抑制了经济增长。针对目前我国公共支出的结构性问题，卢洪友和龚锋(2007)对我国地区间公共预算支出的交互效应进行了检验，发现一般消费型公共支出存在"受益外溢效应"，即本省在邻省一般消费型公共支出增加的情况下会减少其供给；公务消费型公共支出存在"攀比效应"；公共投入型支出存在"竞争效应"。受预算支出受益外溢效应的影响，地方公共商品的供给效率会降低；而攀比效应与竞争效应会导致一系列的无效支出行为，这不但会使地方财政更加困难，而且会拉低地方公共商品的配置效率。李华和任龙洋（2013）认为软预算约束有利于经济性公共品而不利于维持性和社会性公共品的供给效率。付文林（2012）指出，地方政府机动权的扩大加之不合理的官员晋升考核机制，使地方政府公共品供给职能履行的缺位问题依然广泛存在。地方公共品供给更加偏向于生产性财政支出项目，而忽视居民对文教卫等福利性支出的需求，导致文教卫、社会保障等民生性公共品供给与居民需要相比还很滞后。庄子银和邹薇（2003）认为，由于大规模公共支出通常伴随着安装和调配成本，以及公共支出过程中的寻租和"非生产性寻利"行为而造成的社会福利损失，使得在公共支出中存在着不容忽视的调整成本。而1980年以来，由于预算外支出的扩张，我国公共支出的调整成本上升，这会给经济增长带来负面影响。

除了税收竞争外，支出竞争作为财政竞争的形式之一，近些年也引起了学者的注意。West（韦斯特）等的研究发现，财政竞争导致了公共支出在卫生和教育领域的配置下降，这导致了当地消费者的福利状况恶化。在贫困地区，这一效应特别明显。张恒龙和陈宪（2006）认为，我国分税制财政体制建立以后，地方政府为了进行招商引资，支出行为出现严重异化，但是吸引投资的竞争并不利于我国公共服务，特别是卫生服务水平的提高。这造成了地方公共支出结构的扭曲。赵文哲和周业安（2009）指出，我国财政分权加剧了地方政府间的支出竞争。支出竞争使地方政府的支出规模过大，导致价格的波动。

1.3.1.2 公共预算政策对市场经济宏观稳定的影响研究

凯恩斯主义的需求管理理论认为，为了"熨平经济周期"，需要政府对总需求进行逆周期管理，即相机抉择政策。理性预期学派的兴起，给相机抉择的需求管理理论提出了挑战，Kydland 和 Prescott（1977）提出了"时间不一致"的问题，即认为政策当局在 t 期按最优化原则制定一项 $t+n$ 期执行的政策，但当 $t+n$ 期到来时，重新选择最优化政策而违背其所做出的承诺对于政府来说是最优的。由于市场主体具有理性预期，他们会预估到政府的承诺是不可信的，在决策时会考虑政府承诺的不可信，结果使这项政策在 $t+n$ 时不再是最优的，从而无法实现资源的有效配置。在这种情况下，如果有一个可以被市场主体理解的政策规则来强化政府政策的可信性，那么就可以实现资源配置的帕累托改善。因此，规则优于相机抉择。"时间不一致"理论最初用于货币政策，但随后被广泛地推广到财税政策上（Kydland et al，1980；Boadway et al，1996）。为了验证不可预期的相机抉择导致经济波动的问题，Fatas 和 Mihov（2003）将相机抉择财政政策归结为反映外生政治偏好而非经济状况的相机政策，他们认为财政政策的相机特征并不利于宏观经济稳定。在国内，大量相关研究通过实证分析发现，我国相机抉择财政政策也存在时间不一致问题。郭庆旺等（2007）发现，我国相机抉择财政政策和经济形势的需要并不匹配，不利于发挥经济稳定的作用。这主要和我国财政政策的政策时滞以及对政府的制度约束软化有关。李永友（2006）认为，我国财政政策在不同政策状态间转换的频率较高，这对市场主体造成了较大的不确定性，从而扭曲了其决策行为，导致了资源配置的效率低下和福利损失的加大。Jansen（扬森）指出，在发展中国家，由于缺乏财政规则的约束，相机性的财政政策导致了财政活动过度频繁的变动。Jha 等（2014）根据10个亚洲新兴国家和地区的数据发现，税收政策发挥逆周期作用的一个前提是财政持续性的规则未被破坏。Albuquerque（2011）认为相机性财政政策的过度使用不可避免地会增加公共支出的波动性，并给经济增长带来不利的影响，这主要是因为其带来了较高的不确定性。这种不确定性会阻碍私人部门对公共政策的理解，从而导致私人消费和投资的挤出效应。Fatás 和 Mihov（2006）、Badinger（2009）等研究发现，财政政策的相机性越强，产出波动就会越大，政策波动反而加剧了经济波动。G. Ramey 和 V. Ramey（1995）、Fatás 和

Mihov(2003)、Afonso 和 Furceri(2010)还发现，财政政策的波动阻碍了经济的增长。

在凯恩斯主义的理论中，税收可以对居民的可支配收入产生影响，因此是进行需求管理的重要相机抉择型工具。那么，在我国，税收政策对市场经济的宏观稳定产生了什么样的影响呢？

郭庆旺等(2007)根据马尔可夫情势转变向量自回归模型发现，我国税收政策的相机抉择变化不符合凯恩斯主义所强调的"逆势而动"的特征，并且在一定程度上加剧了实体经济的波动。贾俊雪(2012)通过检验发现，我国税收政策在不同时期的协调性存在差异。1998—2007年间，我国消极的税收政策和积极的货币政策相互配合起到了反周期的作用，因此有助于当时的宏观经济稳定；但是在1992—1998年以及2008年以来，则出现了明显错配，因而不利于宏观经济稳定。吕光明(2012)根据我国季度数据构建SVAR（结构变量自回归）模型发现，我国的财政支出和税收两个政策变量冲击是引起我国产出波动的一个重要原因。吴联生和李辰认为，在税收竞争的激励下，地方政府为了在资本市场上获得优势，制定并实施了企业所得税"先征后返"优惠政策。他们利用我国的数据检验发现，地方政府的所得税优惠政策抑制了中央政府税收政策的宏观调控作用，不利于税收政策稳定功能的发挥。李永友(2004)发现我国的税收负担存在过重的问题。他通过估计发现，即使在考虑政府支出的情况下，税收负担对经济也存在显著的抑制作用。郭庆旺等(2007)通过实证分析则认为，在我国，相对支出政策，税收政策存在更强的时间不一致问题，这加剧了我国宏观经济的波动。

在我国，相对于税收政策，财政支出政策是公共部门更加惯于使用的一种调控工具。特别是1998年以来，我国公共部门开始主动地运用积极的财政政策来调节宏观经济，支出政策更是得到广泛的运用。

贾俊雪等(2012)利用多动态因素模型和空间计量模型进行实证检验发现，

在我国财政体制软约束的背景下，地方政府的支出行为在全国层面上呈现出较明显的反周期特征，但在省份层面却呈现出顺周期特征。这就是说，我国的支出政策有利于全国总体经济的稳定，但是不利于地区经济的稳定。在欠发达省份，其顺周期特征表现得更加明显。有学者研究发现，财政不透明使政府的寻租能力更强，从而导致了政府财政政策的顺周期偏误。因此，在越腐败的国家，财政政策越不利于市场的稳定。而之所以提高财政透明度有利于抑制财政政策的顺周期偏误，是因为较高的财政透明度增强了投票人的监督能力，缓解了投票人和政治家之间的道德风险（Alesina et al，2008）。方红生和张军（2009）发现，在中国式分权的治理模式和预算软约束相互作用的背景下，我国财政政策特别在经济过热时期也呈现出较强的顺周期偏误特征，从而不利于经济稳定。蔡明超等（2009）发现，我国政府的转移支付政策冲击了劳动、投资、消费、资本积累等经济变量。从宏观调控的角度来看，转移支付、资本税率冲击、政府消费、消费税率冲击都呈现出明显顺周期的特征。邓子基和唐文倩（2012）认为，由于政府主导型的投资模式以及地方政府的投资冲动，我国政府支出并没有对产出波动起到稳定效应。并且，这一结论会随着政府支出的产出贡献份额增加而愈发地得到确认。赵志耘和吕冰洋（2006）指出，随着经济的发展，我国市场化程度有所提高，但是政府主导的色彩依然浓厚，这导致我国的财政支出政策对经济影响不但作用力强而且时滞短。他们根据向量自回归模型发现，我国支出政策对国民收入和投资的时滞为3个月，而对消费的时滞为2个月。龚旻和张帆（2015）认为，我国地方政府呈现出较强的"相机抉择依赖症"的特征，导致我国市场经济难以自我稳定。

1.3.2 公共预算的约束问题研究

1.3.2.1 公共预算的管理制度视角

公共经济主要反映在政府预算中，因此，政府预算是公共经济的重要约束机制。公共预算对公共部门经济活动的约束软化，导致公共经济过度干预私人经济的运行，是公共预算政策对市场经济效率和稳定形成不利影响的原因之一。

预算软约束首先是指公有制企业在经济活动中缺乏硬性预算约束的现象，即企业在生产过程中力图突破预算限制而单纯地追求产出，不重视资源利用的效率，当企业出现亏损或面临资源短缺时，又会不断地向上级部门寻求资助来弥补亏空（Kornai，1986）。后来这一概念沿用到政府预算约束领域。针对我国的预算约束问题，周雪光（2005）提出"逆向软预算约束"的概念。他指出，在我国干部晋升制度的机制和信息不对称的微观环境下以及存在部分上下级政府官员共同利益联合而难以形成组织约束的宏观环境下，我国政府力图突破预算的制约向企业和个人寻求资源。

为了对公共预算形成确定性约束，一些学者主张强化预算管理制度。这些建议从提高预算的会计责任和政策的透明性，到从根本上主张将预算赤字的权利转移到一个更加独立的财政委员会（Wyplosz，2005）。Fabrizio 和 Mody（2006）、Hallerberg 等（2007）则主要关注改善预算管理过程的程序规则。Catrina（2014）认为，预算平衡的要求减少了政治家通过预算赤字向选民提供好处的途径，因此预算约束软化在民主社会中是一个重要的现象，其破坏了财政的稳定性。所以，Poterba（波特巴）在1996年撰写的美国国家经济研究局工作报告中强调要采取预算规则，以约束政治家的相机行为。Debrun 等（2008）研究了一系列的保持预算平衡的财政规则。财政规则主要分为两大类：赤字或债务规则和政府支出规则。赤字或债务规则是为了保证政府收支总量和结构的平衡；政府支出规则不仅包含了预算平衡的目标，还通过财政支出和政策目标相结合以确保财政支出维持在合理的水平上（刘越飞，刘斌，2012）。从1990—2009年，世界各国确立的财政规则被称为第一代财政规则（Melecky et al，2010），从其实施效果来看并不理想，期望的约束效应并没有建立起来。

提高预算透明度是当前我国对预算管理制度改革的重点关注问题。什么是预算透明度？国内的相关研究在回答这一问题时存在两种情况。第一种情况是在研究中并没有给出明确的定义，但从后续的研究内容来看，预算透明度主要指预算信息的公开，重点是现有预算的信息透明问题。第二种情况是引用IMF（2007）所采用的Craig（克雷格）等对财政透明度的定义，即向公众公开政府的结构与功能、财政政策意向、公共部门账户和财政规划。这说明预算透明度和财政体制透明度是一致的。尽管也有研究者注意到，IMF的财政透明度定义比预算透明度更加广义，因为财政透明度的完整要求并不仅仅局限于狭义的财政活动上（刘笑霞 等，2008），但是大多数研究者在后续的实际研究中还是把预算透明度问题聚焦到了政府财务信息的问题上。

　　国家的预算十分复杂，这种复杂性的产生部分是随着经济的发展而不可避免的，部分则是人为造成的（Alesina et al，1996）。预算的复杂性和透明度之间的关系通常用"委托－代理"的分析框架进行解释。目前，我国的预算十分复杂，存在多重"委托－代理"关系（卢洪友 等，2012）。

　　面对如此复杂的预算结构，过去致力于提升预算透明度的改革所取得的成绩并不理想。根据上海财经大学公共政策研究中心的报告，2009—2012年，我国省级预算透明度实际上变化不大，按百分制计算，各省份平均得分从2009年的21.71分提高到2012年25.00分，仅提高了3.29分；2012年，没有一个省份得分超过50.00分，最高的湖北省也只有45.20分。根据对中央部门预算透明度的评估，没有一个部门的得分超过了50.00分，得分最高的环境保护部只有43.80分。清华大学的报告显示，抽样的81个地级市中，以60.00分为及格线，则预算透明度评估的及格率仅为8.64%（孙文基，2013）。

　　基于政府会计环境评估模型的分析发现，我国预算透明度受到来自各方面因素的复杂影响：既有来自经济、管理方面的正面激励，也有来自组织体制方面的负面影响；既有来自信息技术革新等方面的推力，也有来自外部政治、经济、社会方面的压力（肖鹏 等，2011）。基于对预算透明度定义的狭义理解，大多数研究者对提高预算透明度的相关建议都集中在提供更加详细的政府财务信息方面(王雍君，2003；刘笑霞 等，2008)。当然，预算信息的公开要有"度"，但这个"度"并不由政府的权力决定，而是由民众的权利决定的，这种权利是民众所享有的宪法权利(赵倩，2009)。凌岚和张玲(2011)注意到了"透明度的幻觉"，认为财政透明度作为公共治理的一种有效工具，需要稳扎稳打地奠定基础，这个基础包括制度框架、组织结构、机构能力和人力资源等许多方面。切忌在制度设计的初始阶段即陷入"误区"。至于如何把握，她们给出的答案是绕过误区，专注于公共治理机制的构建。

1.3.2.2 财政体制的视角

除了公共预算的管理制度视角外，财政体制对公共部门的预算约束也受到很多学者的关注。Tiebout(1956)建立了一个地方公共商品的供给模型为如何保证公共部门有效行使其职能提出了一个开创性的思路。他认为，在消费者能够充分流动且具有完全信息，各辖区可以单独征税等条件下，消费者会根据其自身的偏好和所面临的税负水平在不同辖区间流动。地方公共部门为了保证税收收入的最大化，会按照消费者的需求来供给公共商品。在这种"用足投票"机制的约束下，公共部门对公共商品的供给会实现帕累托最优。Olson(2000)认为地方政府与中央政府的财政资源分配关系对公共部门的干预活动是"攫取之手"还是"援助之手"具有重要的影响，并强调财政分权有利于经济增长(Qian et al，1997；Qian et al，1998)。陈抗等(2002)从财政集权的角度解释了我国政府从"援助之手"向"攫取之手"转变的现象，并认为中央与地方的财政关系是影响地方政府行为的机制，不同的财政关系会对经济增长、投资水平和经济效率产生不同的影响。沈坤荣、付文林(2005)指出，就中国这样一个曾经财政高度集权的发展中的大国而言，公共产品投资建设中赋予地方政府更大的自主权，进行一定程度的分散化决策，应当可以增进经济效率。林毅夫、刘志强

(2000)认为,中国始自20世纪80年代中期的财政分权改革对人均GDP的增长率、提高经济效益起到了显著的促进作用。而张晏、龚六堂(2005)研究发现,分税制改革显著地增强了财政分权对经济增长的影响。他们认为,分税制改革后各级政府之间政策协调能力的强化、体制因素的变革、转移支付的设计和政府财政支出的构成等影响了财政分权与经济增长之间的关系。

但也有研究认为,财政分权对协调我国市场和政府的关系并不总是具有积极作用。Schaltegger和Feld(2009)认为财政分权可以分为竞争型的财政分权和合作型的财政分权。相对于竞争型的财政分权,在合作型的财政分权体制下,地方政府的税权较少,收入通常是共享的,财政平均主义比较流行,所以通常存在较多隐性或显性的紧急援助,因而会导致地方政府的预算约束软化(Baskaran,2011)。Yong(2000)认为中国的财政体制改革是在资源配置十分扭曲的背景下进行的。财政分权形成了既得利益,而地方政府会使资源的配置更加扭曲以对既得利益进行维护。他将此称为渐进改革的一个陷阱。Wong(2000)发现,中国中央政府和地方政府财政关系的模糊形成了地方政府更多的预算外资金。周业安、章泉(2008)也发现,总体来说,财政分权确实有利于中国经济增长,但在不同的时期,其作用并不相同。在1994年前,财政分权并没有显著促进经济的增长,但在1994年之后,财政分权对经济增长的促进作用开始显现出来。同时,财政分权是导致经济波动的重要原因。在分权的体制下,固定资产投资和外商直接投资也表现出类似的增长效应和波动效应,特别是固定资产投资加剧了地区差距。王叙果等(2012)研究发现,地方政府建立大量的融资平台进行融资的主要原因可以归结为财政分权、晋升激励和银行软预算约束。

还有研究认为财政分权存在"度"的问题。殷德生(2004)指出,依据中央政府和地方政府财政支出对实物资本与人力资本的分配份额,财政分权存在和经济增长水平相适应的最优水平。而中国的财政分权改革并没有掌握好这个"度",因此难以有效地促进地区经济增长。姚洋和杨雷(2003)认为由于制度供给的失衡，中国财政分权超越了"适度"的界限，导致了各级地方政府对事权的推诿以及基层矛盾的累积、商业化特征明显且机会主义的政府行为、分散化和小型化的地方公共商品供给，扩大的地区差距以及预算的软约束等。如果这一现象持续，那么就会威胁到中国经济的增长和政府的权威。

财政分权对公共部门经济活动所形成的约束机制在很大程度上通过政府竞争来实现的。Qian 和 Roland（1998）指出，软预算约束对于政府来说是一个激励问题。政府的预算约束取决于政治利益和经济成本的权衡，后者和财政分权有关。在财政分权下，要素流动条件下的财政竞争会增加政府援助无效率项目的机会成本。同时，伴随着财政分权，货币的集权会引起利率的冲突，因此也可能强化政府的预算约束。但如前所述，很多研究都认为，目前中国地方政府的竞争是无序竞争，并不利于资源配置效率的提高和经济的可持续增长。Cai 和 Traisman（2005）、楼国强（2010）认为，竞争对公共部门的约束效应是有条件的，其取决于地方官员对个人收益和财政收益的权衡。在资源禀赋比较丰富的地方，公共服务产生了更多的财政收益，因此竞争会激励公共部门更多地将公共资源用于公共服务的安排；而在资源禀赋较为贫乏的地方，公共部门反而会在竞争中产生竞次效应，从而竞争反而会弱化公共部门的内部约束。周业安（2003）认为，在财政分权体制下，地方政府会为了争夺经济资源而展开竞争。但是地方政府的竞争并不必然能促进经济增长，这主要是由于垂直化的行政管理架构和有限的资源流动。地方政府可能采取保护型和掠夺型的策略，从而增加了地方间的贸易保护主义，不利于经济的长期增长。周业安等（2004）指出，在地方政府的短视决策下，一方面，地方保护主义左右了地方经济政策的制定；另一方面，地方政府为了争夺资源会展开不计成本的恶性竞争。这扰乱了市场秩序，导致了资源配置的低效。成立为等（2009）指出，地方政府为了参与支出竞争，会设置要素在区域间流动的壁垒，形成市场的分割，并导致重复建设等。地方政府的这些行为导致了区域产业资本的配置效率低下。钱海刚(2009)认为，财政分权可以有效地刺激地方政府的竞争，但与此同时，在地方政府财政收入游离于预算管理范围之外、特定的财政转移支付机制以及通过国有企业的间接贷款等环境下，预算软约束使地方政府的获取资源能力得到提升，从而导致地方政府的恶性竞争。并由于这种恶性竞争的自我实施特点，因此难以向有序竞争转变。郭庆旺和贾俊雪(2006)认为在财政利益和政治晋升的双重激励下，地方政府为了招商引资，经常违规利用税收优惠政策。这导致企业的过度投资，加大了经济波动的风险。陶然等(2009)指出，我国的政府竞争是"竞次"的。其具体表现是地方政府为了参与财政竞争，经常通过提供低价土地、补贴基础设施、放松劳工标准和环保标准以吸引制造企业进入本地。吴俊培和王宝顺(2012)、吴俊培和陈思霞(2013)认为，我国省级税收竞争十分激烈，并且这种竞争是无序的，这导致我国地方发展的不平衡。他们还认为，之所以产生这样的后果从体制上看是因为我国当前财政体制仍然具有"包干体制"的特点。

我国财政竞争之所以是无序的，除了财政体制方面的原因外，还有一个重要的原因，就是地方政府官员的晋升激励机制不合理(周黎安，2004)。自20世纪80年代初开始，地方官员的选拔和提升标准十分强调地方经济增长，因此地方政府的官员为了实现仕途的升迁会不计成本地发展地区经济，从而导致我国长期存在地方保护主义、"大而全"的地区发展战略、各种地区产业恶性竞争。孙犇、宋艳伟(2012)将我国粗放式增长方式与信贷资源的低效率利用之间通过分权体制下的地方政府官员晋升行为联系到一起，分析地方政府间为增长而竞争的行为。地方政府为了刺激地区经济增长而展开投资竞争，又利用金融体系制度控制干预信贷资源，助长了其非理性的投资。

基于此，陈志勇和陈思霞(2014)认为，加强制度环境建设，改革地方政府投资竞争的扭曲性制度激励，有利于我国财政预算硬约束的实施。

1.4 研究方法与研究框架

1.4.1 研究方法

第一，本书运用了规范分析与实证分析相结合的方法。规范分析主要回答"应该是什么"的问题，而实证分析主要回答"是什么"的问题。在规范分析方面，本书试图回答以下基本问题——在市场经济中，促进财税政策确定性的一般公共预算制度应该如何进行安排；在实证分析方面，本书既运用了定性分析的方法，又使用了定量分析的方法，主要明确了我国一般公共预算制度在财税政策确定性方面所存在的问题以及对我国市场经济效率和稳定发展所造成的影响。

第二，本书运用了微观分析和宏观分析相结合的方法。微观和宏观是主流经济理论的两分法。微观分析主要关注的是市场经济中的结构问题，即资源在不同的商品间如何进行配置，收入在不同生产要素所有者间如何进行分配，宏观分析主要关注的是市场经济的总量问题，即总需求和潜在生产能力是否匹配，是否能保证经济的稳定运行。实际上，二者是分不开的。正如Stiglitz等(2000)所指出的，"宏观的变化必须以微观经济学的原理为基础；经济学的理论只有一套，而非两套"。微观分析以宏观总量稳定为前提，宏观分析以微观结构合理为基础。正是基于这样的认识，本书将微观分析和宏观分析统一起来，分析一般公共预算制度对市场经济的微观效率和宏观稳定产生了什么样的影响，以及如何通过一般公共预算制度的安排来实现市场经济的有效和稳定发展。

1.4.2 研究框架

本书共分为8章。除了第1章导论外，其余章节在结构上可以分为理论分析、实证(现状)分析、政策建议三个部分。各部分在逻辑上环环相扣：理论分析从"保证市场的决定性作用"入手，提出按照公共经济对私人经济影响中性的要求形成一般公共预算的确定性制度约束规则，并从总体和结构两个角度提出了一整套制度安排。这部分包括本书的第2、3、4章。实证(现状)分析在理论分析所提供的框架下，探讨了我国一般公共预算制度导致财税政策不确定性方面所存在的问题，并运用计量经济技术检验了其对我国市场经济效率和稳定的影响。这部分包括本书的第5、6、7章。政策建议基于理论分析和实证(现状)分析提出了促进我国财税政策确定性一般公共预算制度改革的突破口和路径。这部分主要在本书的第8章。本书具体的研究框架如图1-1所示。

```
                    理论分析
第2章 ←---- 一般公共预算制度安排的基本准则
              ↓
第3章 ←---- 一般公共预算制度的总体安排 ←→ 一般公共预算制度的结构安排 ----→ 第4章
              ↓
                  实证（现状）分析
第5章 ←---- 中国一般公共预算制度安排的现状与财税政策不确定性的评估
              ↓
第6章 ←---- 对市场经济微观效率的影响 ←→ 对市场经济宏观稳定的影响 ----→ 第7章
              ↓
                    政策建议
            基于税收中性和预算中性的税制改革
                      ↓
第8章 ←---- 基于分税中性的分税安排改革
                      ↓
            基于转移支付中性的转移支付制度改革
```

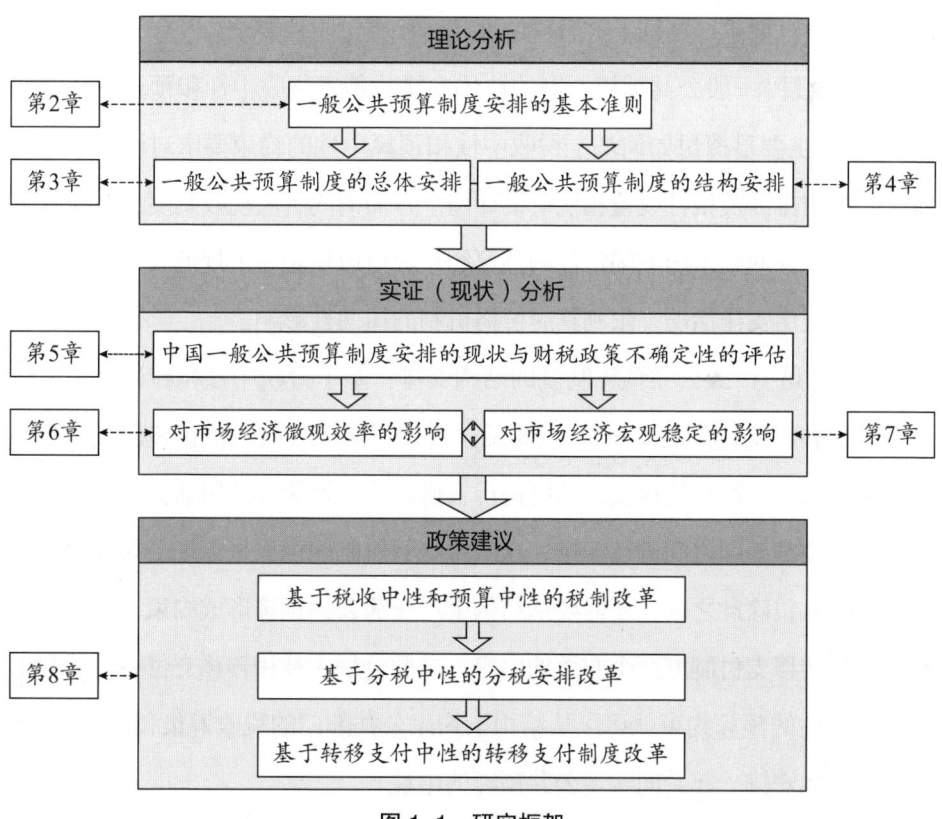

图1-1 研究框架

本书具体章节的主要内容安排如下：

第2章是"一般公共预算制度安排的基本准则"，主要是探讨在市场经济条件下一般公共预算制度安排所应该遵循的基本要求。该章从两个角度来进行论述：第一是公共预算确定性约束准则。一般公共预算制度是公共预算的约束机制，对公共部门的税收筹集和使用安排活动形成制约。因此对于一般公共预算制度安排来说，形成确定性的预算约束是其制度安排的基本要求。第二是公共预算中性准则。一般公共预算涉及税收的筹集和使用，因此会对社会资源在私人部门和公共部门之间进行配置。所以，为了保证价格机制的在市场经济中的决定性作用，有必要通过对一般公共预算制度进行约束使其对价格机制的扭曲性影响最小。这需要整套一般公共预算制度的配合。具体涉及总体上的税收中性和预算中性要求，结构上的分税中性和转移支付中性要求。

第3章是"一般公共预算制度的总体安排：基于税收中性和预算中性的税制安排"，主要是探讨如何基于税收中性和预算中性的约束要求对税制进行安排。税制安排涉及税种设置和税负设计两个方面的内容。税收制度按照税收中性和预算中性的要求形成确定性的预算约束就可以从总体上规范公共部门的税收筹集和使用安排活动，限制其对价格机制的扭曲性影响。

第4章是"一般公共预算制度的结构安排：基于分税中性和转移支付中性的分税和转移支付制度安排"，主要是探讨如何基于分税中性和转移支付中性的约束要求对分税和转移支付制度进行安排。税收筹集和使用活动还需要在不同级次的公共部门之间进行安排，这就意味着税制约束只是保证公共预算中性的必要条件，除此之外，还需要从结构上对一般公共预算形成约束，这涉及税种划分和转移支付制度两个方面的内容。按照分税中性和转移支付中性的要求形成确定性的预算约束就可以从结构上约束公共部门的税收筹集和使用安排，和税制总体安排一起共同实现公共预算的中性。

第5章是"中国一般公共预算制度的现状与财税政策不确定性的评估"，主要是探讨我国一般公共预算制度的现状和存在的不确定性问题，并试图从计量经济学的角度对其进行量化评估。该章基于似不相关模型和相关计量经济技术，构建了财税政策不确定性指数；选取了一系列反映我国公共预算制度非中性特征的指标；基于面板 probit 模型检验了我国一般公共预算制度非中性特征对财税政策不确定性的影响。

第6章是"一般公共预算制度、财税政策不确定性与资源配置效率"，主要探讨了一般公共预算制度下财税政策不确定性对我国市场经济资源配置效率的影响。该章基于随机边界分析（SFA）的技术，检验了财税政策不确定性及一般公共预算制度缺乏中性约束对资源配置效率的影响。

第7章是"一般公共预算制度、财税政策不确定性与宏观经济稳定"，主要探讨了一般公共预算制度下财税政策不确定性对我国市场经济宏观稳定的影响。该章基于动态面板模型和面板向量自回归模型，检验了财税政策不确定性及一般公共预算制度缺乏中性约束对宏观经济稳定的影响和冲击。

第8章是"对我国一般公共预算制度的改革建议"，主要探讨了一般公共预算制度改革的相关政策检验。基于本书理论分析和实证（现状）分析的相关结论，该章系统地论述我国一般公共预算制度改革的目标、突破口和路径。基于各制度的关系和我国目前业已形成的一般公共预算制度框架，强调要以税制改革为突破口，依次逐步推进税种划分改革和转移支付制度改革，按照公共预算中性的要求形成一般公共预算制度的确定性约束，这是我国社会主义市场经济有效、稳定发展的制度基础。

1.5 研究创新及不足之处

1.5.1 研究创新点

本书的主要创新之处包括以下两个方面：

第一，本书以"市场的决定性作用"为基本立场，基于科学的公共经济学理论，提出了基于财税政策确定性的一般公共预算制度的整套安排。从理论上论证了应该把公共预算确定性约束和公共预算中性作为公共预算制度设计的基本准则，并且分别从总体和结构两个层次构建了包括税制、分税和转移支付制度在内的整套制度框架。从这个研究视角来探讨一般公共预算制度在国内较少甚至还处于空白状态，但这又是我国市场经济体制改革的题中之意。本书的研究为我国财政体制改革提出了有益的制度建议。

第二，本书把理论研究和我国一般公共预算制度的现状结合起来，运用似不相关模型、面板 probit 模型、随机边界分析、动态面板模型、面板向量自回归模型等计量经济学技术对我国一般公共预算制度下财税政策不确定性的现状进行了量化评估，实证检验了我国一般公共预算制度对市场经济的资源配置效率和宏观稳定的影响，为本书的理论结论和政策建议提供了经验上的支撑。

1.5.2 研究不足之处

尽管本书做了大量的研究工作，仍然可能在以下方面存在不足之处，需要通过后续的研究进一步深化：首先，在理论分析方面，本书为一般公共预算制度提供了一个较新的框架。在每一个制度节点下都可以根据我国的现实情形展开具体的研究，但这在本研究完成的时间限制和篇幅限制下，不可能进一步细化展开。其次，在实证分析方面，一些指标的选取存在较大的困难。尽管本书通过一系列的计量经济学技术和理论判别设置了一些指标来评价我国一般公共预算制度，并且这些指标也具有比较强的客观性和合意性，但在当前数据限制的客观约束下，仍不免存在一些不足之处。

第 2 章　一般公共预算制度安排的基本准则

一般公共预算制度是规范公共部门行使其职能的基本约束制度。一般公共预算制度保证财税政策的确定性是保证市场经济有效、稳定发展的必要条件。那么，一般公共预算制度安排应基于什么样的基本准则呢？这是本章所要探讨的主要内容。

2.1　公共预算确定性约束准则

在市场经济中，一般公共预算反映了公共部门的税收筹集和使用活动，保证一般公共预算对公共部门经济活动的确定性约束是清晰界定私人经济和公共经济边界的必要前提，也是市场经济的基本要求。如前所述，从制度安排的角度来说，一般公共预算具体是通过包括税制、分税和转移支付制度在内的一般公共预算制度来实现的，因此一般公共预算的确定性约束有赖于一般公共预算制度的确定性约束，即税制对公共部门的税收筹集和安排活动形成总体上的确定性约束；分税和转移支付制度对公共部门的税收筹集和安排活动形成结构上的确定性约束。所以说，公共预算确定性约束是一般公共预算制度安排的基本准则。

具体来说，公共预算确定性约束准则(principle of certain constraint for public

budget）就是指对公共预算的收入来源和支出用途都有明确的规定，并且，在公共预算制度的内部构造中形成明确的约束机制。在这一约束机制之下，公共预算内部的不同性质收支之间的界限应该是明确的；私人经济和公共经济之间的边界应该是明晰的；公共预算和其他性质的公共经济预算之间的范围也应该是清楚的。

下面主要就公共预算确定性约束的经济学基础及其基本内涵进行探讨。

2.1.1 公共预算确定性约束的经济学基础

首先需要回答的一个问题是："公共预算确定性约束是合理安排一般公共预算制度的基本要求"这一命题的经济学依据是什么。

一般公共预算制度和价格机制是市场经济中资源配置和收入分配的两种基本约束制度。所以，不妨从价格机制和一般公共预算制度在约束机制方面的比较入手，探析公共预算确定性约束准则的经济理论基础。

价格机制是私人部门从事资源配置和收入分配的约束机制。在新古典主义经济学看来，在研究私人经济时，可以把私人部门的选择过程视为一个"黑箱"，因为根据福利经济学第一定理，价格机制能保证私人选择能自动实现资源的有效配置和收入的公正分配，选择过程的"黑箱化"并不影响私人选择有效，这就意味着，价格机制对私人选择具有内生的确定性约束机制。

从价格机制的作用机理来看，一方面，价格对于供给者而言可以衡量消费者为了消费某单位商品所愿意放弃的代价。消费者的理性决策是在预算约束下追求效用的最大化。在市场交易中，消费者消费某单位商品所需要放弃的代价就是消费者所需要支付的价格；消费者消费某单位商品可以获得的收益就是其边际效用。当消费者多消费一单位某商品的价格大于其边际效用，就意味着消费者为了多消费该单位商品所需要付出的代价大于其可以获得的收益，因此，放弃该单位商品的消费是符合效益最大化原则的；同理，如果消费者多消费一单位某商品的价格小于其边际效用,那么就说明消费者为了多消费该单位商品所需要付出的代价小于其可以获得的收益,所以多消费一单位该商品是符合效用最大化原则的。直到消费者消费某商品的价格正好等于其边际效用时,其总效用达到最大。因此,在消费者理性决策的作用下,一方面,商品的价格总是和其边际效用对应的。这就是说,在自愿交易原则下,消费者为了消费某单位商品会根据该单位商品所带给他的边际效用支付价格。另一方面,生产者为了将资源用于生产某单位商品所放弃的用于其他用途的最高代价就是生产该单位商品的机会成本——这就是生产者为了生产某单位商品所需要付出的价格。生产者在决定如何将资源进行配置时就会根据消费者愿意支付的价格和需投入资源的成本价格两相权衡,以实现其利润的最大化。当边际收益大于边际成本时,意味着消费者愿意为该单位商品付出的价格大于生产者所需要付出的价格,因此生产者将更多资源用于生产该单位商品可以进一步提高利润;当边际收益小于边际成本时,就说明消费者愿意为该单位商品付出的价格小于生产者所需要付出的价格,所以生产者减少资源投入生产该单位商品可以增加利润;直到边际收益等于边际成本时,生产者实现了利润最大化,其资源配置活动也达到了均衡。所以说,在价格机制的约束下,商品生产的资金来源和用途是明确的,即由商品的消费者支付并用于弥补该商品的成本;将多少资源投入何种商品的生产也是明确的,即由消费者的边际效用和资源使用的边际成本相等的均衡条件来决定。这是一种内生的约束机制。价格机制形成约束机制的技术前提是其可以保证生产者和消费者的成本收益内部化,这需要商品的排他性来实现。这是因为,只有商品具有排他性,私人部门的效用函数才是显现的,利润函数也才能相应存在。

而在一般公共预算中,类似于价格机制的内生约束机制是不存在的。其主要原因就是公共商品具有非排他性的特征。这样,消费者不需要付费也可以对公共商品进行消费。这就导致消费者在表达公共偏好上具有"道德风险"。

为了对公共商品的消费不付费或者少付费，他们会选择"搭便车"来隐藏自身的偏好。所以，总的来说，公共商品的资金来源以及分配多少资源用于公共商品都缺乏内生的机制来明确化。

实际上，如果更加具体地看，在后文也将会论述到，公共商品的性质是存在差异的。按照市场经济的要求，不同性质的公共商品，其收入来源也应该存在相应的差异。但是在公共商品的非排他性条件下，这样的对应关系同样不能自动地实现。

这就是说，公共商品的非排他性决定了公共预算内部缺乏内生的约束机制来明确其资金来源和资金数量，因而就需要在公共预算中建立起外生的制度安排，来保证公共预算约束的确定化；否则，就会导致公共部门在从事公共商品供给和收入再分配的微观经济活动时不能受到刚性的约束，从而导致公共部门筹集和分配公共预算资金的活动干扰私人部门的微观经济活动，破坏市场经济的有效、稳定运行。

2.1.2 公共预算确定性约束的内涵

如上所述，在市场经济中，公共部门在行使其职能时，资金来源和资金数量应该是明确的，这就是公共预算确定性约束准则的基本内涵。具体来说，公共预算确定性约束准则应该包含以下几个方面的内容：

首先，公共预算和私人经济之间的边界应该是明晰的。前文已经论述，价格机制是私人经济的约束机制，其可以保证私人经济有效运行。但是，如果公共预算不能明确界定私人经济和公共经济的边界，那么，公共部门在履行资源配置和收入分配的微观职能时，就可能使价格机制形成扭曲，从而干扰私人经济的有效运行。

其次，公共预算和其他类型预算之间的边界应该是明晰的。从理论上说，公共预算和其他类型预算所反映的公共经济职能的性质存在区别，所以它们的收入和支出也存在性质上的差异。性质的不同就是公共预算和其他类型约束之间的边界。公共预算的收入来源是税收，支出用途主要是公共商品和收入再分配。公共商品的非排他性决定了其消费和生产的成本不能内部化，因此需要公共部门强制征税来提供公共商品，以保证其外部经济内部化。其他公共经济预算所反映的公共经济职能是具有排他性的，因此其对应商品的消费和生产的收益及成本是可以内部化的。例如，对于具有垄断性质的商品，无论是公共部门还是私人部门供给，仍然需要按照谁受益谁付费的原则来进行经营；对于社会保险，由于属于社会福利，因此不缴纳保险金的居民就不能享受其福利保障。因此，如果公共预算和其他类型的预算之间的界限模糊不清，公共预算的资金不足就可以从其他类型预算随意进行调剂，其他类型预算的资金不足也可以从公共预算的资金进行调剂，实际上这不但破坏了公共预算将外部经济内部化的功能，也导致其他本可以收益成本内部化的预算资金形成外部经济。

最后，公共预算内部不同性质的税收和公共商品之间的边界应该是明确的。尽管总体上说，公共预算的收支可以在形式上归结为税收和公共商品，但是，实际上税收和公共商品的性质是存在区别的。这是由公共商品的受益范围所决定的。为了保证公共商品消费和生产的收益成本内部化，就应该对不同受益范围的公共商品进行区分，再根据受益范围选择税基征税。所以，如果公共预算内部不同性质的税收和公共商品之间的边界不明确，就会导致不同性质的税收混同用于不同性质的公共商品，这会导致公共部门税基选择和公共商品提供上存在外部寻租的空间。例如，当官员偏好某些公共商品的供给时，就会将更多的税收投入到该公共商品，从而牺牲其他公共商品，导致公共商品的供给失衡。

综上所述，公共预算确定性约束就是要求公共预算内部的税收和公共商品支出安排形成明确的对应关系，从而保证公共预算和私人经济之间的边界是明确的；公共预算和其他性质的公共经济预算之间的范围是清晰的；公共预算内部的不同性质收支之间的界限也是清楚的。这具体是通过一般公共预算制度的安排来实现的。

2.2 公共预算中性准则

公共预算确定性约束要求一般公共预算的收入来源和支出用途之间都有明确的规定，那么，具体应该如何规定呢？

根据市场经济的基本原理，私人经济应该在资源配置和收入分配中起决定性作用。这就要求公共经济在行使其职能时，应该以不干扰私人经济的运行为前提——公共经济对私人经济的影响是中性的。这一原则反映在公共预算中，就是要求公共预算所反映的收支安排应该以不影响私人经济的有效运行为基础，即公共预算中性准则（principle of public budget neutrality）。公共预算中性准则需要通过一般公共预算制度来保证。

本节主要分析公共预算中性准则的经济学基础及其具体内容。

2.2.1 公共预算中性的经济学基础

一般公共预算要安排经济活动，首先必须以税收的形式从私人部门抽取一定的资源转化为公共资源，再以公共预算支出的形式将公共资源用来提供公共商品和进行收入再分配。公共预算既会通过公共预算收入的形式，也会通过公共预算支出的形式和私人经济联系起来。从经济理论的角度来看，公共预算对私人经济的影响可以从替代效应和收入效应两个方面来看。

2.2.1.1 替代效应与公共预算中性

替代效应是指公共部门的经济活动由于改变了资源利用的机会成本，从而对私人部门的资源配置和收入分配活动产生的扭曲性影响。

如图2-1所示。图中的横轴表示某商品的消费量 X,纵轴表示该商品以外的其他商品的消费量 Y。图中的曲线 U 表示代表性消费者的无差异曲线。无差异曲线每一点的切线的斜率可以衡量代表性消费者的边际替代率,即消费者消费单位某商品所愿意放弃的其他商品的消费量。代表性消费者的边际替代率是由其对不同商品的偏好所决定的。直线 I 表示代表性消费者的预算约束线。预算约束线斜率等于该商品和其他商品的相对价格,在生产者均衡的条件下,其可以衡量生产者利用生产要素生产该商品的边际技术替代率,即生产者将一定生产要素用来生产单位该商品所放弃的将这些生产要素用于生产其他商品的数量。生产者的边际技术替代率本质上是由资源的稀缺性所决定的。

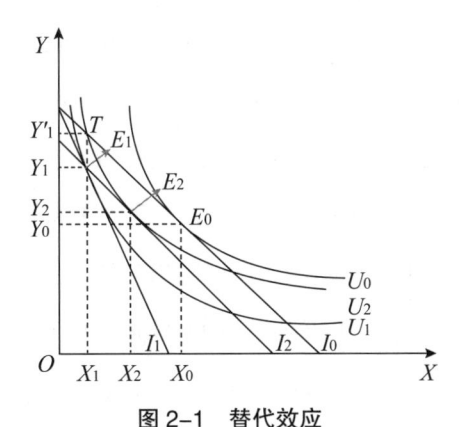

图 2-1 替代效应

在图2-1中的 E_0 点,消费者均衡实现。因为对消费者来说,这是预算约束下效用最大化的点。任何偏离该点的消费水平都存在帕累托改进的余地。在 E_0 点,消费者的消费组合是 (X_0,Y_0),其所实现的效用水平为 U_0。

假设现在公共部门只对某商品征收一定的税收,则会导致该商品的价格上升,上升的幅度取决于该商品的价格弹性。这就意味着该商品和其他商品的相对价格发生改变。所以,征税后,预算约束线会向内旋转,即从 I_0 变为 I_1。预算约束改变后,消费者会在 E_1 形成新的均衡点。此时,代表性消费者的消费组合为 (X_1,Y_1),其所实现的效应水平为 U_1。公共部门从该商品所获得税

收水平可由直线 E_1T 来衡量。这是因为，假设在不征税的情况下，让代表性消费者只消费 X_1 单位的该商品，那么在预算约束下他会消费 T 所代表 Y_1' 单位的其他商品。而征税后，代表性消费者所放弃的 $Y_1'-Y_1$ 单位的其他商品实际上就可以衡量转移为公共部门税收的收入，即公共部门所获得的税收水平。

现在假设公共部门改变征税的形式，不是只对该商品征税，而是对所有商品按同样的税率无差别地征税，总的征税额仍然保持在 $Y_1'-Y_1$ 的水平，即仍然可以用直线 E_1T 来衡量。由于公共部门对所有商品无差别征税，所以相对预算约束线 I_0，征税后的预算约束线的斜率并不会改变，而只会平移征税额的水平，即为 I_2。

征税后，代表性消费者会在 E_2 形成消费均衡。此时，其消费组合为 (X_2, Y_2)，其所获得的效应水平为 U_2。不难看出，公共部门在采取无差别征税和只对某商品有差别征税的情况下，尽管所课征的税收水平是一样的，但是在无差别征税下代表性消费者所获得的效用水平 U_2 要大于有差别征税情况下其所获得的效用水平 U_1。U_2 和 U_1 的差额就可以衡量公共部门对代表性消费者带来的替代效应。它衡量了公共部门的经济活动所导致的私人经济效率损失。

在一个需求曲线和供给曲线的框架中，可以完整地描述替代效应对整个市场的影响。如图2-2所示，横轴表示某商品的数量，纵轴表示该商品的价格。曲线 D 是所有消费者对该商品的需求曲线；曲线 S 是所有供给者对该商品的供给曲线。在需求曲线和供给曲线的交叉点 E，该商品实现市场均衡，其需求量和供给量是 X_0，其价格水平为 P_0。现在假设公共部门征收对该商品有差别征收 T 单位的税收，消费者和供给者就会根据需求价格弹性和供给价格弹性承担相应的税负。在图2-2中表示为消费者承担 $P_1^d-P_0$ 的税负水平；供给者承担 $P_0-P_1^s$ 的税负水平。因此，在征税后，消费者所面临的价格就是 P_1^d，供给者所面临的价格就是 P_1^s。所以，消费量和供给量都会减少到相应价格水平所对应的 X_1。

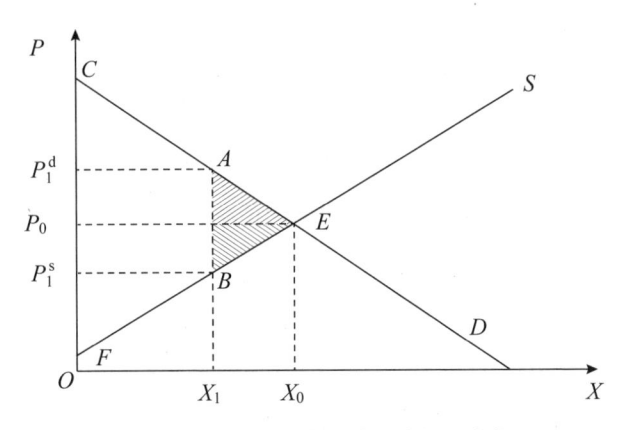

图 2-2 替代效应导致的社会福利变化

从图 2-2 中可以看出，在征税之前，消费者从消费该商品中可以获得的消费者剩余为 ECP_0 的面积，供给者从该商品中可以获得的生产者剩余为 EFP_0 的面积。在征税之后，消费者剩余变为 ACP_1^d 的面积，生产者剩余变为 FBP_1^s 的面积。公共部门所得的税收水平为 $ABP_1^sP_1^d$ 的面积。比较可知，征税后相对征税前全社会的剩余减少了 ABE 的面积。这就是替代效应所导致的效率损失，在理论上被称为哈伯格死角损失。

从以上分析中不难得知，公共部门之所以会对私人经济产生替代效应，是由于公共部门的政策扭曲了不同商品之间的相对价格。在完全竞争市场的一般均衡下，消费者的理性决策会保证价格和边际替代率相等，生产者的理性决策会保证价格和边际技术替代率相等。这也就是说，最终边际替代率会等于边际技术替代率，前者反映消费者的主观偏好，后者反映客观的技术约束。因此，对全社会来说就意味着在客观技术约束下实现了全社会福利的最大化。但如果公共部门的政策扭曲了相对的价格水平，就会导致边际替代率不再等于边际技术替代率，从而使资源不再完全按照主观偏好进行配置，导致了资源配置的帕累托损失。收入分配和资源配置是一个问题的两个方面。在一般均衡下，生产要素所获得的收入会根据其边际产值进行分配，是符合公平公正原则的。当替代效应产生时,生产要素获得的收入就不再完全按照边际产值进行分配,这意味着替代效应实际上也影响了私人经济收入的公正分配。所以说,为了保证公共预算对私人经济的影响中性,一个基本的前提条件就是,公共预算所反映的经济活动应该尽量减少对反映资源稀缺性的价格产生扭曲性影响。

2.2.1.2 收入效应与公共预算中性

公共部门的经济活动除了通过替代效应影响私人经济,还会产生收入效应。所谓收入效应,就是公共部门的经济活动不会对资源使用的机会成本产生影响,但是会改变私人部门的收入水平,从而改变私人经济的资源配置和收入分配活动。

如图2-3所示,和图2-1一样,图中横轴代表某商品的消费量,纵轴代表该商品以外的其他商品的消费量。曲线 U 表示代表性消费者的无差异曲线。直线 I 表示代表性消费者的预算约束线。

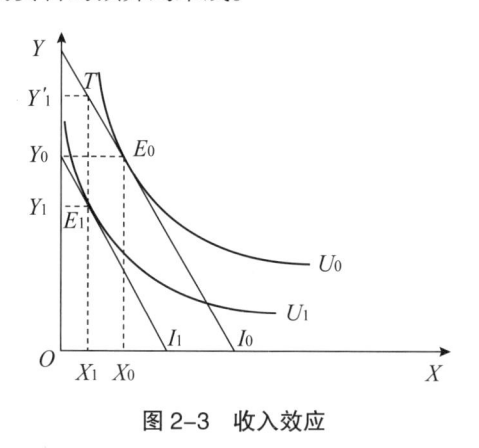

图 2-3 收入效应

图2-3中的 E_0 点是代表性消费者的初始均衡点。在 E_0 点,代表性消费者所面临的预算约束线是 I_0,均衡的消费组合是 (X_0, Y_0),其所实现的效用水平为 U_0。

现在假设公共部门对所有商品都按同样的税率征税。由于所有商品所面临的税率水平是相同的,因此并不会改变不同商品的相对价格。反映在图中就是代表性消费者的预算约束线的斜率并不会改变,但是会按公共部门所课征的税额水平向内平移,新的预算约束线为 I_1。在新的预算约束条件下,代表性消费者会按照效用最大化的原则在 E_1 点形成新的均衡。在 E_1 点,代表性消费者的消费组合变为 (X_1, Y_1),其所实现的效应水平变为 U_1。同样,公共部门最终可以课征的税收水平可由直线 $E_1'T$ 来衡量,即代表性消费者所放弃的 $Y_1'-Y_1$ 单位的其他商品。这是因为,预算约束线平移的垂直距离实际上就是用其他商品数量所衡量的代表性消费者因为税收所减少的收入——其转化为公共部门的税收收入。

和替代效应的情况相比不难发现,代表性消费者所放弃的所有收入全部转化为公共部门的收入,不存在其他的无谓损失。

同样,可以将公共部门经济活动的收入效应引入到需求供给曲线的框架中,以观察社会福利的变化。如图2-4所示,横轴代表某商品的数量,纵轴代表该商品的价格。曲线 D 是所有消费者对该商品的需求曲线;曲线 S 是所有供给者对该商品的供给曲线。在需求曲线和供给曲线的交叉点 E,该商品实现市场均衡。其需求量和供给量是 X_0,价格水平为 P_0。

现在假设公共部门对所有商品按同样的税率征税。由于征税后,商品的价格并不会改变,因此该商品的价格水平仍然是 P_0。但是,由于税收会导致私人部门的收入转移到公共部门,因而对该商品的消费量会减少到 X_1。这一过程可以从图2-4看出。

从社会福利的角度来看,征税前,消费者剩余为 EPC 的面积,生产者剩余为 EPG 的面积,两者之和,即 ECG 的面积是私人部门所获得的总福利水平。征税之后,由于该商品的消费量和生产量减少,因此,消费者剩余变为 $CAFP$ 的面积,生产者剩余变为 $GBFP$ 的面积。和税前相比,EAB 的面积就是公共部门所获得税收水平。这就是说,在征税后,社会福利通过税收的形式被分割为私人部门和公共部门两部分，但是并没有图2-2中所存在的哈伯格死角损失。

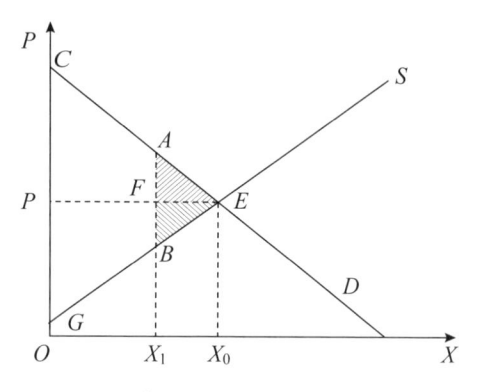

图 2-4　收入效应导致的社会福利变化

综上所述，要保证公共部门的经济活动对私人经济只产生收入效应，一个前提条件就是公共部门的政策应该以不扭曲不同商品之间相对价格为基础。因为只有这样，价格才能发挥作用，以保证全社会的边际替代率等于边际技术替代率，即可以在客观技术约束下实现全社会福利的最大化。此时，对于私人部门来说，存在收入的转移，但是其对不同商品配置不同生产要素的比例关系并不会改变。所以，从理论上说，并不会导致私人经济内部的资源配置效率损失，也不会破坏"按边际贡献分配收入"的收入分配准则。

但是，如上所述，即使公共部门的经济活动对私人部门只产生了收入效应，还是意味着有一部分净收入从公共部门和私人部门之间进行了转移，也就是说，公共经济还是以收入效应的形式对私人经济产生了影响。所以，要保证公共经济的中性，就必须通过公共部门的政策对收入效应进行对冲，此时，公共部门和私人部门之间的净收入转移为零。

假设现在公共部门按相同税率对所有商品进行征税，那么此时公共部门的税收政策就只会产生收入效应而不会产生替代效应。但是，公共部门还必须将这部分从私人部门转移而来的净收入通过公共支出的形式使用出去，这又会对私人经济产生新的影响。在理论上，可以将不同的公共支出都抽象为公共部门对私人部门的补贴。补贴的形式不同，对私人经济所产生的影响也不相同。

为了分析补贴形式对私人经济的影响，在图 2-3 的基础上加入公共补贴，如图 2-5 所示。同样，图中横轴表示某商品的消费量，纵轴表示该商品以外的其他商品的消费量。曲线 U 表示代表性消费者的无差异曲线。直线 I 表示代表性消费者的预算约束线。代表性消费者在征税前所面临的预算约束线为 I_0，均衡的消费组合为 (X_0, Y_0)，所获得的效用水平为 U_0。在公共部门对所有商品按相同税率课征总额为 $Y_1'-Y_1$ 的税以后，代表性消费者的预算约束平移至 I_1，其均衡的消费组合变为 (X_1, Y_1)，对应的效用水平为 U_1。

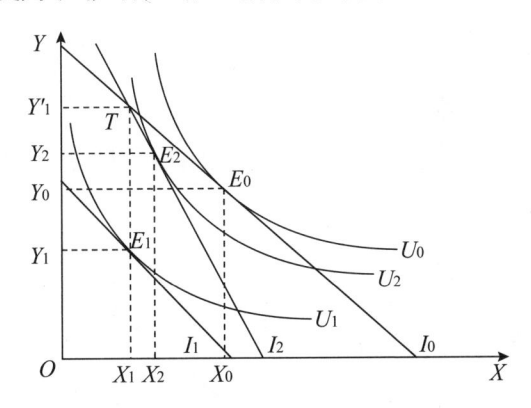

图 2-5 公共补贴形式对私人经济的影响

现在假设公共部门将所有税收补贴给私人部门，但是采取的是有差别的补贴方式。若公共部门将税收总额的更大比例补贴给其他商品，而该商品的补贴额度较小，这实际上就会引起该商品和其他商品相对价格的变化——该商品的价格相对其他商品会变得更加昂贵，即预算约束线会顺时针旋转。同时，由于是将所征收的税收总额全部补贴给私人部门，所以，代表性消费者的预算约束线会顺时针旋转，直到与 T 点相交，即图 2-5 中的预算约束线 I_2。这意味着，在补贴后，代表性消费者的购买力可以达到消费 (X_1, Y_1') 的水平——和预算约束线 I_0 的购买力相同。

在新的约束约束下，代表性消费者会根据效用最大化的原则在 E_2 点实现均衡。此时的消费组合是(X_2, Y_2)，其所获得的效用水平是U_2。不难看出，尽管公共部门已经将所有的税收都通过补贴的形式返还给了消费者，但U_2的效用水平仍然低于U_0的效用水平。U_2和U_0之间的效用差额实际上就是公共部门采用差别补贴的形式所导致的无谓损失。其产生的原因仍然是公共部门的差别补贴改变了相对价格，从而扭曲了资源使用的机会成本，进而导致私人经济的资源配置和收入分配发生了错配。

公共补贴形式对社会福利变化的影响如图2-6所示。在图中，X轴表示某商品的数量，纵轴表示该商品的价格。曲线D为消费者对该商品的需求曲线，曲线S代表生产者对该商品的供给曲线。和图2-4中一样，在无差别征税的情况下，该商品的相对价格不会发生变化，但是由于收入的减少，该商品的消费量和生产量被压缩到X_1的水平。图中EAB的面积仍然是公共部门从该商品上所征收的税收总额。

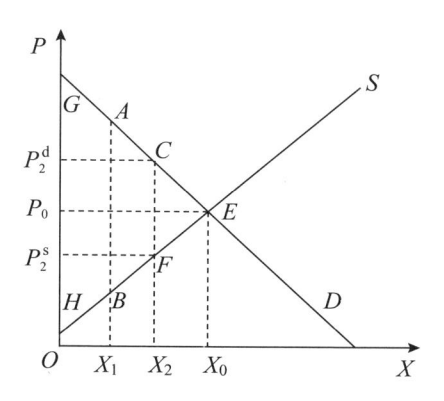

图2-6 公共补贴导致的社会福利变化

公共部门将税收总额的更少比例补贴给该商品，一方面会导致该商品的消费量和生产量在X_1的基础上有所增加，但是另一方面，由于对该商品的补贴力度相对较小，这相当于原先从该商品上所课征的一部分税收用于补贴其他商品，只将一部分税收补贴给了该商品，所以该商品的消费量增加了但不会增加到征税前的X_0水平，而只达到X_1和X_0的某个中间水平X_2。在该商品的价格上，由于差别补贴而导致该商品的价格不再是 P_0。补贴后，P_2^d 是消费者所面临的该商品的价格，P_2^s 是生产者所面临的该商品的价格。这实际上相当于公共部门向该商品课征了一个差别税。

在补贴后，消费者可以从该商品中获得的消费者剩余为 GCP_2^d 的面积，生产者从该商品中可以获得的生产者剩余为 HFP_2^s 的面积。公共部门相当于从该商品中获得的税收剩余为 $CFP_2^s P_2^d$ 的面积。和征税前的社会总福利相比，CFE 成为哈伯格死角损失。这就是公共部门采用差别性补贴的形式所导致的效率损失。

事实上，公共部门如果采取有差别的补贴形式，对私人经济的影响就会存在显著的差别。假设公共部门按照所有商品补贴额度相同的方式进行补贴，那么，和税收综合考虑，公共部门对私人部门的净影响就为零，即公共部门的经济活动对私人经济来说是中性的。

在现实中，由于所有税的税基都不相同，因此，要保证公共预算的中性，就应该坚持将税收作为公共商品的价格，严格按照"谁受益，谁付费"的方式征税和安排税收支出。

2.2.2 公共预算的总体中性：税收中性和预算中性

公共预算中性准则体现在一般公共预算的制度安排中，就可以细分为税收中性、预算中性、分税中性和转移支付中性等几个方面的内容。下面先对税收中性和预算中性的内涵进行分析。

前文多次论述到，公共预算反映的是公共部门的税收筹集和使用安排活动，因此税收筹集的中性和税收使用的中性就是公共预算中性的总体要求，其分别对应税收中性和预算中性。

公共预算的主要收入来源是税收，因此，税收中性（tax neutrality）是公共预算中性的基础。税收中性要求税收的筹集以不影响私人经济的价格机制发挥作用为前提。这就要求在税种的设置上应该坚持替代效应最小化，即将无差别课征的税种作为税制的基础。事实上，在古典经济学的文献中，将对所有税基无差别课征的税种称为一次性总赋税（lump-sum tax）。古典经济学家认为，一次性总赋税是理论上最有效率的税种。因为无差别课税不会导致私人选择的替代效应，因此不会产生税收的超额负担。但是，在实际情况中，由于经济情况要比理论假设复杂得多，并没有一个国家能完全按照一次性总赋税的思想来设计税制。例如，公共需求在不同居民之间存在差别，不同商品在排他性程度上也存在差别，所以完全依赖一次性总赋税并不能保证经济的完全内部化。这实际上和税收中性原则是相悖的。基于此，公共部门就需要在无差别课征的税种上，选择某些税基重复课征来保证税收中性。但这些税种只能是税制的补充。

税收中性不是一个新的经济原则，但为了保证公共预算总体的中性，只从税收筹集的角度来考虑显然是不够的，因为一般公共预算还涉及税收的使用安排。因此要实现公共预算中性，还需要从税收使用的角度来加以限定。吴俊培（2012）提出了预算中性的概念来分析税收使用的中性问题。他指出："税收归根到底是对个人收入的扣除，因此对于个人来说是福利的损失。但税收形成政府预算支出，又会增加社会福利，如果得失相当，那么预算就是中性的，社会福利分配的准则和市场资源配置的准则是一致的。"

具体来说，预算中性就是要求公共部门按照"谁受益、谁付费"的原则来安排税收的使用。对于无差别课征的税种，由于其相当于是从所有居民的收入中抽离一部分收入作为税收，因此可以视为所有居民对公共商品的付税，为了保证预算中性，理应用于所有居民都受益的公共商品，对于差别课征的税种，由于其是对一部分税基重复课征的税种，因此理应用于和税种对应的特别公共商品。

在税负的设计上，由于个人缴纳的税收就是消费公共商品所支付的价格（吴俊培，2012）。因此，按照税收中性和预算中性的要求，税负水平的高低应该和对应公共商品的需求水平保持一致。

2.2.3 公共预算的结构中性：分税中性和转移支付中性

在现实的制度安排中，由于对公共商品存在全国和地方之分，而且在不同地方之间的公共需求也存在差别，税基在地区之间也存在流动性，因此，这就提出了在不同公共预算级次之间保持税收中性和预算中性的要求——公共预算的结构要求。

具体来说，就是税种需要在不同级次的公共部门之间进行划分，公共商品的供给也需要在不同级次公共部门之间进行安排。在不同级次的公共预算之间按照税收中性和预算中性的原则来划分税种和确定税收的支出安排就是分税中性（tax-sharing neutrality）。

一般理论认为，"分税"就是在各级政府间划分税收收入。这种解释实际上并没有清晰地阐释分税的内涵。如前所述，本书认为，分税实际上包含了税种划分和转移支付两种不同性质的方式，有必要分开研究。其中，税种划分是指将不同性质的税种在中央政府和地方政府间进行划分；转移支付则是指在税种划分的基础上，中央政府对地方政府的财力补助。之所以要分开讨论，主要是因为不同税种的性质不同，因此对不同税种划分的不同制度安排就会对公共预算的性质有不同的影响。如果忽视税种的性质而只谈及税收收入的划分，就会模糊税种划分和公共预算中性之间的关系。因此，本书所指的分税实际上单指税种的划分。

总的来说，分税中性就是要求在税种划分上应该充分考虑在存在公共预算级次的条件下，如何保证税收的纳税人和公共商品的受益人之间在公共预算的结构上也能形成明确对应关系，因此，其主要要处理的问题就是对纳税人和受益人之间难以形成明确对应关系的税种如何划分，以及如何进行对应的支出安排。

具体而言，就是在税收中性的税种设置基础上，将税种设为中央税和地方税。中央税就是划为中央所有的税种，地方税就是划归地方所有的税种。这样,从税收中性的要求看,应该有中央所有的无差别课征的税种和地方所有的无差别课征的税种,以及中央和地方所有的重复课征的税种。在支出安排上,和预算中性的总体构想是一致的,就是中央和地方所有的无差别课征的税种应该视为所有居民对公共商品的付费,理应用于满足所有居民的公共需求;中央和地方所有的重复课征的税种应该和其对应的公共商品相对应。

保证分税中性的主要难点在于:流动性强是市场经济的基本特征,因此纳税人和负税人的关系并不清晰。同时,不同地方的居民对公共商品的具体要求也存在差别。如何协调市场经济下的流动性和差异性是分税中性要考虑的关键问题。

税收中性和预算中性在税负设计上要求税负水平的高低和公共商品的需求保持一致。这实际上就保证了公共部门的财力和事权在总体上是匹配的。但是,分税中性下的税种划分是根据税种的性质对财力在不同级次的公共部门之间进行分配,并不能保证财力和事权在结构上也是匹配的。这就需要通过转移支付的形式来保证不同级次的公共部门的财力和事权匹配。

除此之外,公共预算在公共商品的供给过程中还需要考虑公共劳务的均等化。同时,一部分公共商品在不同的地方之间具有外溢性。这就意味着,一般公共预算在保证对私人经济影响中性的基础之上,还要考虑公共劳务均等化和地区间的外溢性经济内部化。这些目标实际上都需要通过转移支付的形式来予以实现。

尽管转移支付的目标并不是单一的,但是,转移支付仍然应该以保证税收和预算中性的实现为基本前提。否则,税收中性和预算中性原则就还是无法在公共预算结构上得到保证,从而导致公共预算中性的目标无法实现。税收中性原则在转移支付上的体现就是转移支付中性(transfer payment neutrality)。转移支付中性的具体内容就是指中央政府在对地方政府分配转移支付资金时,仍然体现税收中性和预算中性的基本要求,即无差别课征的税种用于全体居民都受益的公共商品的转移支付，有差别课征的税种用于相对应的公共商品的转移支付。

所以，从转移支付中性的内容上不难看出，转移支付中性的目标和公共劳务均等化目标以及外溢经济内部化目标并不是矛盾的。公共劳务均等化目标和外溢经济内部化目标可以在纳税人和受益人对应的转移支付资金分配原则的基础上通过具体的制度设计予以实现。

为了有一个更加清晰和直观的认识，将税收中性、预算中性、分税中性和转移支付中性的逻辑关系表示在图2-7中。

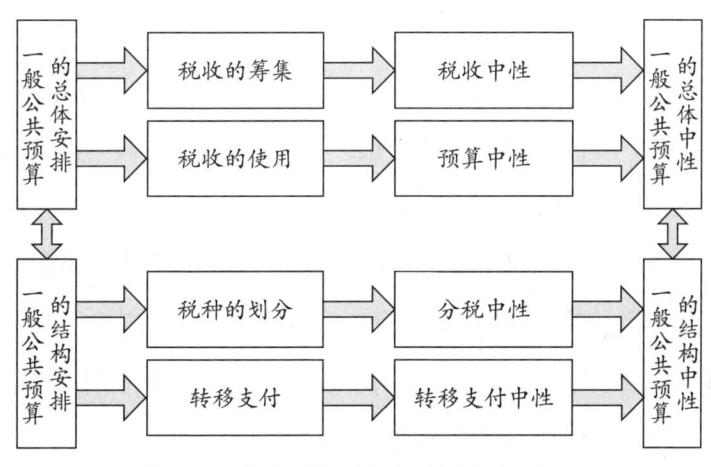

图 2-7 公共预算中性要求的逻辑关系图

2.3 本章小结

一般公共预算制度是约束公共部门行使其职能的基本制度，也是界定私人经济和公共经济边界的核心制度。因此，一般公共预算制度保证财税政策的确定性是实现市场经济有效、稳定运行的必要条件。

一般公共预算制度对确定性财税政策形成制度约束，具体来说，就是通过一般公共预算制度的规范，保证公共经济和私人经济的边界是清楚的，公共经济内部的公共预算和其他性质预算的边界是明确的，公共预算内部不同性质收支之间的边界也是明晰的。这就需要通过公共预算制度形成相应的约束机制，保证公共预算的收入来源和支出用途都有明确的规定。这就是一般公共预算制度安排所需要满足的公共预算确定性约束准则。

那么，具体应该通过什么样的原则来确保一般公共预算的确定性约束呢？根据市场经济理论，私人经济在资源配置中应该发挥决定性作用，这就规定了公共经济对私人经济的影响应该是中性的，即公共经济活动应该以不干扰价格机制的有效运行为前提。这就是一般公共预算制度安排所需要满足的公共预算中性准则。

具体来说，公共预算中性准则就是要求按照税收中性、预算中性、分税中性和转移支付中性的原则来安排一般公共预算制度。税收中性和预算中性原则是总体上保证公共预算中性的基础。具体包括两个方面的内容：其一，是税种设置上，应该以无差别课征的税种为基础，在此基础之上，再根据公共需求的差异性、外部经济等情况选择某些税基重复征税作为其补充；其二，是税收支出安排和税负设计上，应该依据纳税人和受益人对应的原则，并且按对应公共商品的需求来设计对应税种的税负。

由于一般公共预算存在不同的级次，因此税种和公共商品的供给安排要在不同级次的公共部门之间进行划分，所以税收中性和预算中性的实现还需要通过分税中性来保证，即税种划分要以税收中性和预算中性为前提——这是公共预算的结构要求。具体来说，分税中性就是税种在不同级次公共部门之间进行分配和安排支出时，仍然要满足纳税人和受益人对应的原则。

尽管基于税收中性和预算中性的税负设计保证了公共部门的财力和事权的总体匹配，但考虑到公共部门的级次，财力和事权在结构上并不是匹配的。同时一般公共预算除了中性目标外，还需要考虑公共劳务均等化、地区外溢经济内部化等目标，这就需要通过转移支付来实现。转移支付的制度安排仍然要以税收中性和预算中性为前提，这也是公共预算中性的结构要求。所以，在转移支付资金的分配时，仍然需要遵循纳税人和受益人对应的原则，将相应税种用于相应公共商品的转移支付。这就是转移支付中性。由于转移支付中性和公共劳务均等化目标以及地区外溢经济内部化目标并不是相悖的，因此，在转移支付中性的基础，可以再将其他目标也体现在制度设计中。

第3章 一般公共预算制度的总体安排：基于税收中性和预算中性的税制安排

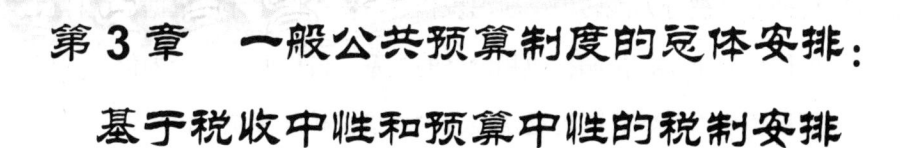

在一般公共预算制度中，税制是对公共部门税收筹集和使用安排活动形成总体约束的制度。所以说，税制是一般公共预算制度中的基础性约束制度，税制的确定性约束是保证财税政策确定性的基础。

具体来说，税制安排包括税种设置和税负设计两个方面。其中，税种设置主要是规定公共部门如何筹集税收收入，而税负设计探讨公共部门的税收规模确定和税收的支出安排。

在市场经济中，税制要对公共部门的经济活动起到确定性的预算约束，保证市场经济的有效、稳定运行，就需要按照税收中性和预算中性的原则来安排税制。这就是本章所要分析的主题。

3.1 税种设置分析

税种设置就是公共部门选择什么样的税种来作为一般公共预算的收入来源。由于不同的税种存在不同的性质，因此，公共部门对税种的设置就会对税制的性质产生真实的影响。要保证税制安排的中性，对税种进行中性设置就是其基本的要求。本节主要就这一问题展开讨论。

3.1.1 一般税和特种税

要对税种进行中性设置，一个基本的前提就是基于税收中性原则对税种进行分类。根据公共经济理论，对税种经常有以下几种主流的分类方法：按照税基，税种通常被分为流转税、所得税和财产税；按照计税依据，税种通常被分为从价税和从量税；按照税收和价格的关系，税种通常被分为价内税和价外税；按照税负是否转嫁，税种通常被分为直接税和间接税。但是，从以上这些对税种的主流分类方法来看，都并没有把税收中性原则作为其分类依据，因此，也就不能为税种的中性设置提供分类基础。基于此，就有必要按照税收中性的基本要求对税种进行重新划分。

在本书的第2章中已经论证，税收对私人经济的影响可以在理论上分解为收入效应和替代效应两个方面。税收的收入效应就是指由于税收的课征而导致私人部门的收入转化为公共部门的收入；而税收的替代效应则是指税收的课征除了会导致收入转移外，还会形成一个社会福利的净损失，即税收的超额负担。从理论上说，税收的收入效应尽管造成了私人经济的收入转移，但只要按照预算中性的要求提供公共商品就不会对私人经济带来实际影响。但税收的替代效应所造成的超额负担一旦形成，其既不能被私人部门获得，也不能被公共部门获得，所以最终会对私人经济形成真实影响。所以，从税收中性的角度来说，应该尽可能消除税收筹集对私人经济的替代效应。

从形成上看，税收的替代效应本质是由于税收对私人经济的资源使用机会成本造成了扭曲性影响所导致的。资源使用的机会成本是指将资源用于某个用途所放弃的将资源用于其他用途的最高收益。因而机会成本是一个相对价格的概念。所以，机会成本的扭曲也是一个相对的概念。如果某税种对资源的所有用途都按照同样税率征税的话，尽管会同比例减少资源在所有用途所能获得的收益，但是，相对来看，并不会改变资源用于不同用途的相对价格，即不会使机会成本产生扭曲。这就是说，尽管对资源所有用途同等征税的税种会导致私人经济可用于配置的资源总量减少，但并不会导致其在资源不同用途的配置比例上发生改变。所以说，税收的替代效应与对税基的选择有关。只要税收是对所有税基进行无差别地普遍课征，那么该税收在理论上就不会扭曲私人经济资源使用的机会成本，即只存在收入效应而不存在替代效应。否则，就会扭曲资源使用的机会成本，对私人经济的资源配置和收入分配产生非中性的影响。所以，为了保证税收中性，公共部门应该以普遍课征的税种作为其税制的基础。

当然，和上述分析的理论环境相比，现实情况要更加复杂。首先，消费者对公共商品的偏好存在差异。这就是说，并不是所有消费者的公共需求都是一致的。对于不同的公共需求，公共部门要按需提供相应的公共商品。税收是公共商品的价格。所以，就需要根据公共需求的不同有差别地征税，这样才能保证公共商品消费和供给的收益成本内部化。否则，公共部门用税收提供公共商品时，又会产生新的替代效应，不利于税收中性。其次，存在负外部性商品。负外部性的存在需要公共部门使用税收的方式将这些商品的成本内部化。这就需要公共部门对存在负外部性的税基有差别地征税。所以，基于税收中性的考虑，既需要普遍课征的税种，也需要对税基有选择地差别课征的税种。

这样，就可以将税收分为一般税和特种税。一般税（general tax）就是对所有税基都普遍课征的税种；而特种税（selected tax）是在一般税的基础之上，选择一部分税基重复课征的税种。

3.1.2 基于税收中性的税种设置

根据上文的分析，按照税收中性的分类方法，税种可以划分为一般税和特种税。由于一般税是对所有税基普遍征税，因此不会对私人经济资源使用的机会成本造成扭曲性影响。而特种税是一般税基础之上的重复征税，会改变资源使用的机会成本。因此，按照税收中性的要求，在税种设置上，应该将一般税作为基础，特种税仅仅作为一般税的补充。

当然，要将税收中性原则落实到具体的税种设置中，就需要进一步对税基的性质展开分析。

3.1.2.1 流量税与存量税

尽管从理论抽象来说，税收可以认为是对私人经济收入的抽离，但是从具体的形式上来看，税收实际上可以视作对国民经济中的收入流量的扣除。所以，把税种和再生产的关系联系起来，对于税基的宏观认识以及税种的中性设置都是很有好处的。Musgrave提供的货币收支在家庭部门和企业部门之间循环图可以清晰地展示出税种设置和再生产的关系，如图3-1所示。

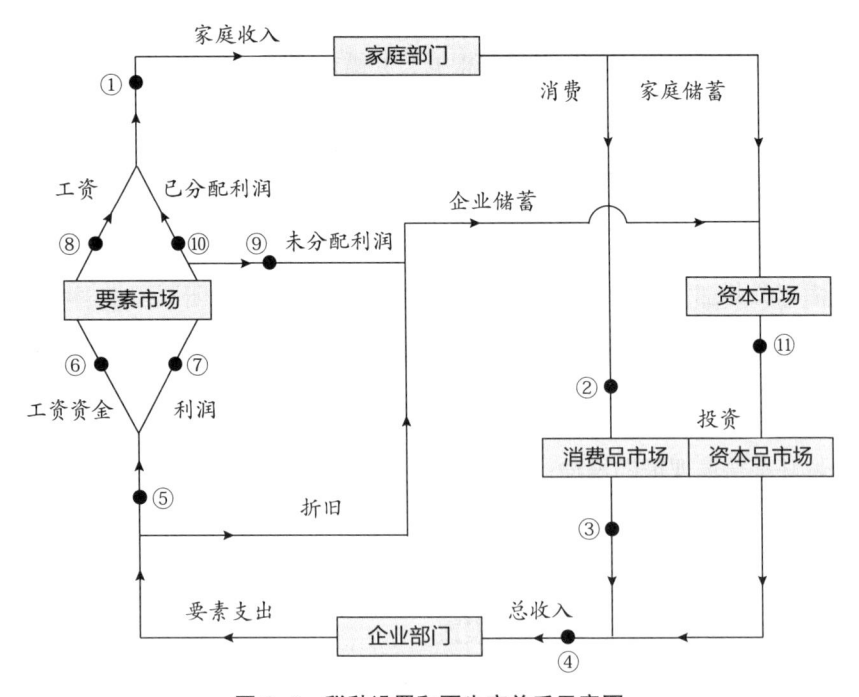

图3-1 税种设置和再生产关系示意图

第3章 一般公共预算制度的总体安排：基于税收中性和预算中性的税制安排

该图是私人经济的收入流和支出流的循环示意图，在这个循环示意图中标明了可能进行税种设置的环节。图中的顺时针方向的线表示家庭部门和企业部门的收支货币流，其相应的消费品购买和生产要素投入的实物流隐含在线中，但方向相反，这一过程在图中没有标出来，但读者应该铭记于心。家庭部门在图的上方，企业部门在图的下方；要素市场在图的左方，产品市场和资本市场(消费品市场和资本品市场)在图的右方。

家庭部门的收入可分为家庭消费和家庭储蓄两个部分。家庭部门的消费支出以消费品购买的形式流入消费品市场，并且成为提供相应消费品的企业的收入。家庭部门的收入扣除消费支出后所剩余的部分就是家庭部门的储蓄。家庭储蓄以投资的形式流入资本市场，并转化为提供相应资本品的企业的收入。

一部分企业收入，包括折旧和利润，将在生产要素市场上购买资本、劳动和其他生产要素投入品，并且在国民收入中表现为各种生产要素的收入份额。这些收入份额支付给劳动者就形成了工资；支付给资本所有者就形成了红利(资本股份收益)和利息等；支付给土地所有者就形成了地租；等等。由于无论是劳动者、资本所有者、土地所有者还是其他生产要素的所有者，最终都是来源于家庭部门，因此，上述那些生产要素的收入份额就构成了家庭部门的收入来源。另一部分企业收入，包括企业保留利润[①]和可用的折旧，就形成企业储蓄。企业储蓄和家庭储蓄一起成为投资资金的来源或者用于购买资本品。

上述说明完整地阐述了私人经济的收入流和支出流的循环。在这个循环图中，图中黑点就是公共部门可以设置税种的环节[②]。圆圈中的数字表示可能设置的税种编号。其中，点1是影响家庭收入的环节，点2是影响消费者支出的纳税环节，点3是影响企业零售收入的环节，点4是影响企业毛收入的环节，

---

① 保留利润是指企业没有支付给要素提供者的收入部分。
② 马斯格雷夫称之为对再生产产生影响的"点（环节）"，即对收入、支出产生影响的环节。如果设置了税种，那么就是某种收入的纳税环节。

点5是影响企业折旧后收入的环节,点6是影响工资资金的环节,点7是影响利润的环节,点8是影响工资收入的环节,点9是影响保留利润的环节,点10是影响股份收益的环节[①],点11是影响资本投入的环节。

从具体的税种设置来说,一方面,在图3-1中的右边的税基是商品劳务的收入流,因此,对其开征的税种就是商品劳务税,具体而言,在点2处可以设置消费税,在点3处可以设置零售营业税,在点4处可以设置总收入营业税,在点11处可以设置资本投入品税,等等;另一方面,在图3-1的左边的税基是生产要素的收入流,所以,对其开征的税种就是生产要素税,具体来说,在点1处和点8处可以设置个人所得税,点6处可以设置社会保险税,点7处可以设置企业所得税,点10处可以设置股息、红利税,等等。

从再生产的价值循环流来看,图3-1标明的税种设置环节都是对价值流量征税,但是,还有一类税并没有在以上循环图中表明出来,那就是对经济系统中所累积的财富征税,即对存量征税,如房地产税、土地税、遗产税等。

这就是说,从再生产的角度看,税基可以分为流量和存量两类。所以税种也可以相应地分为两大类:一类是以流量为税基课征的税种,即流量税(flow tax)。另一类是以存量为税基课征的税种,即存量税(stock tax)。对流量课征的税种按税基性质又可分为两类:一种是以商品劳务交易额(或增值额)为税基的课征的税种,即对商品劳务交易行为征税,称为商品劳务收入税,可简称为商品劳务税(tax on goods and services);另一种是以生产要素收入为税基课征的税种,即对生产要素收益征税,称生产要素收入税,可简称为生产要素税[②](tax on production factors)。

---

① 美国的税种设置都在这些点上,但美国没有设置增值税。
② 我国习惯上把前者称为流转税;后者称为所得税。实际上,从再生产角度看,两者都是"流转"的。

3.1.2.2 流量税和存量税的一般税和特种税

在以上对税基性质分析的基础上，就可以进一步按照税收中性的要求对税种进行设置了。首先，从流量税基的角度看，对所有流量税基进行普遍征税所形成的税种就是流量税的一般税(general tax of flow tax)。由于流量税是由商品劳务税和生产要素税构成的，所以，流量税的一般税同样包括两部分，即商品劳务一般税和生产要素一般税。顾名思义，商品劳务一般税(general tax on goods and services)就是指对所有商品劳务交易额(增值额)普遍课征的税种；生产要素一般税(general tax on production factors)就是指对所有生产要素收入普遍课征的税种。

其次，在流量税的一般税设置基础上，公共部门选择一部分税基进行重复征税所形成的税种就是流量税的特种税(selected tax of flow tax)。同样，流量税的特种税也包括商品劳务特种税和生产要素特种税两个部分。商品劳务特种税(selected tax on goods and services)是指在商品劳务一般税设置的基础上，选择一部分商品劳务交易额(增值额)作为税基重复课征的税种；生产要素特种税(selected tax on production factors)是指在生产要素一般税设置的基础上，选择一部分生产要素收入作为税基重复课征的税种。

另外，需要指出的是，由于现实中不可能对资本存量和消费品存量普遍征税，所以在存量税中并不能设置一般税，因此所有存量税都是特种税。

综上所述，根据税收中性原则，需要将商品劳务一般税和生产要素一般税作为流量税设置的基础，商品劳务特种税和生产要素特种税只能作为流量税设置的补充。

3.1.2.3 流量一般税的设置

在上文对商品劳务税、生产要素税和存量税进行一般税和特种税的区分基础之上，还可以进一步分析如何根据税收中性原则在以上各税中进行税种设置。

对于商品劳务一般税来说，只设置一个税种是有利于保证税收中性的，这主要是因为一个税种有利于税负均衡。通常来说，商品劳务的生产是一个连续的过程，即某些商品劳务是另一些商品劳务的投入品。例如，一件成衣到消费者购买的环节，其价值中可能包含了棉花、布料、交通运输等各个下游环节或要素。所以为了保证对商品劳务进行无差别征税，对下游产业的商品劳务征税就首先需要扣除上游商品劳务的已征税收，否则会导致对上游商品劳务的重复征税。这就要求对商品劳务课税的税种是统一的。

从西方市场经济国家的经验来看，在商品劳务一般税中通常都只设置了一个税种。例如大部分 OECD 国家只设置增值税作为商品劳务一般税；美国只设置设销售税作为商品劳务一般税。

同样，对于生产要素一般税来说，也是只设置一个税种有利于保证税收中性。从西方的市场经济国家的经验来看，通常只将个人所得税一个税种设置为生产要素一般税。西方市场经济国家通常都是以私有制为基础的，所以，对于生产要素的所有权可以明晰到个人，因而对于各种生产要素收入来说也都是可以细分到个人的。在此基础之上，对于生产要素收入不区分收入的性质，统一汇总核定"个人"的全年所得，形成生产要素一般税的税基。这样，就不会导致对不同生产要素形成不同的税负，因而也不会对个人生产要素的使用行为造成扭曲性的影响。

3.1.2.4 流量特种税的设置

流量特种税是流量一般税的补充，是为了让流量税更中性。因此，对于流量特种税，就应该按照税收中性原则来进行设置。在理论上存在的一个误区是，认为流量特种税是按"调节"要求设置的。因此，在税收理论上，就会存在"行为税""目的税"的税种分类。首先，按照"调节"要求来设置流量特种税会导致对不同商品劳务或生产要素重复征税，而这些重复征税可能并不是基于税收中性考虑的，因此会导致税收对私人经济的资源配置产生扭曲性影响；其次，按照"调节"要求设置流量特种税可能并没有考虑到税收支出安排的受益对应性。因此，在流量特种税征收上来以后，其支出用途并不明确，从而导致在流量特种税的支出安排上对私人经济形成扭曲性影响；最后，按照"调节"要求设置流量特种税的随意性较强，从而导致了税制对公共部门经济活动的软约束。

使流量特种税的设置符合税收中性原则一个基本的必要条件就是该税种的税基范围、作用边界和目标应该是相对明确的。从西方市场经济国家的经验来看，在商品劳务特种税的设置上，通常选择关税、消费税、资源税、环境税等税种。关税是对进出口的商品和劳务征税，而进出口商品和劳务的消费者和生产者又从公共部门所提供的促进国际贸易的公共商品中享受到了便利，理应为其付费，因此其对象非常明确。消费税是对有害商品、环境污染商品和奢侈消费品等课征的特种税。消费品可以区分为基本消费品和奢侈消费品。奢侈消费品的消费者通常都是高收入者。一方面，收入的高低上可以作为衡量一个人从公共部门所提供的公共商品中获得的受益程度。例如，尽管治安是普遍提供的，并不具有排他性，但是高收入者相对低收入者通常需要更好的社会治安条件，而低收入者可能并不需要如此之高的治安支出。因此，如果公共部门按平均需求来提供治安服务的话，就应该从高收入者征收更多的税收，对低收入者进行一定的补贴。另一方面，在经济发展不均衡的社会中，高收入者通常是不均衡的受益者，因此理应为公共部门治理社会不均衡付费。所以，从这个意义上说，消费税的设置也是十分明确的。资源税是对资源商品课征的特种税，而资源商品的消费者和开采者从公共部门所提供的资源开发和维护中受益，理应为其付费。环境税是对高污染商品课征的特种税。高污染商品直接造成了环境恶化，因而需要公共部门对环境进行治理，所以高污染商品的消费者理应为其付费。

某些商品劳务特种税的设置在本质上是属于"费"的税化形式,即使用者费采取税收的形式。使用者费是消费者为了满足特殊的公共需求所支付的价格。由于这些满足特殊公共需求的公共商品的受益范围相对明确,因此价格可以根据受益原则来决定。所以,从这个意义上说,使用者费是符合税收中性原则的。某些使用者费之所以要改为税收的形式来征收,主要是基于交易费用的节约。例如,开征汽油税和轮胎税可以代替使用道路的收费。这主要是因为汽油和轮胎的消耗量和道路的使用量是成正比例的,因此可以自动地将受益对象区分开来。而道路收费则需要设置关卡,聘请收费人员等都是需要耗费资源的,因此,相对来说,直接开展汽油税和轮胎税更有效率。

在生产要素特种税的设置上,可以选择对土地收益开征特种税。这主要是因为:一方面,公共商品的提供通常具有资本化的效果,而土地所有者通常是最直接的受益者;另一方面,土地受益者通常从土地开发、治理、修复等公共商品中受益更多。因此,对土地收益课征生产要素特种税是符合税收中性原则的。

3.1.2.5 存量税的设置

对于存量税设置,如上所述,由于对存量税基的确定总是有选择性的,也就是说不可能存在存量一般税,但从西方市场经济国家的经验来看,房地产税[①]通常作为最基本的存量税选择。房地产价值可以反映居民对公共商品的受益情况,因此,将其作为税基符合税收中性原则。值得说明的是,房地产税尽管是存量税,但其缴纳的税收也是对收入流量的扣除。因此,以房地产为税基的目的是保证税收中性,并不是税源的增加。

---

① 房地产税,这里并不是指一个税种,而是指以房地产为税基的税收总称,包括居民使用的房地产和法人使用的房地产。

除了房地产税，还存在其他存量特种税。但对存量特种税设置的原则也是与流量特种税一致的，即税收和受益对应的特点是非常明显的，这样有利于保证税收中性原则。

综上所述，在税收中性原则下进行税种设置，就可以从制度上限制税收的替代效应，制约公共部门通过重复征税对私人经济进行过度干预，避免税收对私人经济造成扭曲性影响。

3.2 税负设计分析

税种设置主要是规定如何在税收中性原则下对不同性质的税种进行选择。在税种设置的基础上，对不同性质的税种如何确定其税负水平则是税制中性安排中另外一个重要的方面，即税负设计的问题。这是本节所要分析的主要问题。

从实际的预算安排来看，存在"以收定支"和"以支定收"两种方式来确定公共预算中的税负水平。前者是计划经济体制中的常用方式，而后者是市场经济体制中的常用方式。所谓以收定支，就是以收入能力决定支出能力。所谓以支定收，就是按公共预算的支出需求来组织收入。从二者的比较来看，显然只有"以支定收"的税负设计方式才是公共预算中性准则实现的前提。

如前所述，根据预算中性的要求，在税收筹集以后，应该通过纳税人和公共商品受益人对应的原则，将税收用于对应公共商品的安排。因此，相应公共商品的支出需求理应就是相应税种税负水平确定的依据。因此，要合理确定税负水平，首先就需要根据税收中性和预算中性的原则对不同性质的公共商品进行分类。

3.2.1 一般公共商品和特种公共商品

从性质来看，公共商品具有非排他性。因此，公共部门需要通过强制征税的形式来为公共商品的供给提供资金。从这个角度来说，税收就是公共商品的价格。消费者只要缴纳了税收，他们在消费公共商品时就不再需要单独付费。但是，这一理论是基于一个基本的前提假定的，那就是所有消费者对公共商品的需求都是一样的。

但是，如前所述，从现实情况来看，消费者对公共商品的需求相对理论假设来说要更加复杂。这主要是因为消费者除了普遍的公共需求之外，通常还存在特别的公共需求。根据税收中性的要求，为了满足这部分特别的公共需求，就需要单独课税。这就决定了公共部门不能只课征统一的税，还必须根据公共商品的受益范围和受益程度的不同课征特别的税，作为满足这些差别需求的资金来源。这实际上就是公共部门在一般税的基础之上还要选择一部分税基开征特种税的基本原因。

所以，基于以上分析，就可以根据税收中性原则的要求，将公共商品划分为一般公共商品和特种公共商品。其中，一般公共商品就是指消费者普遍需求的公共商品。例如，国防、外交、基础教育、基本医疗、农林水气、司法、治安、消防、公共交通等公共商品都属于一般公共商品。而特种公共商品就是指在满足普遍需求的基础之上，满足一部分消费者特别需求的公共商品。例如，公共交通以外的交通运输(如高速公路、航空运输等)、国际贸易、社会济贫、资源开发和修复、环境保护、土地开发和治理等公共商品。

从一般公共商品和特种公共商品的性质来看，二者在排他性程度上存在区别。这一点可以从以下两个方面分别来看：一方面，无论是一般公共商品还是特种公共商品都是具有非排他性的。也就是说，在受益范围内，公共部门在技术上并不能把不付费的消费者排除在外(或者排他成本太高)，或者公共部门不应该把不付费的消费者排除在外。所以，二者都需要通过税收的形式来弥补其供给成本。例如，基础教育作为一种一般公共商品，由于其关系到国民基本的生存和发展需要，因此公共部门并不应该将任何人排除在外。公共部门一旦提供了基础教育，所有人都可以平等享受。再比如，国际贸易作为一种特种公共商品，一旦被提供，所有进出口商品的消费者和生产者都能受益，公共部门要明确不同消费者受益程度的成本是十分高昂的。

另一方面，一般公共商品相对特种公共商品通常具有更强的非排他性。一般公共商品由于是普遍需求的公共商品，因此公共部门并不能甄别受益范围；而特种公共商品只是用于满足特别的公共需求的公共商品，因此通常公共部门至少可以明确其受益范围。例如，公共部门在提供国际贸易相关的公共商品时，可以明确进出口商品的消费者和生产者是其主要的受益对象。只要消费者消费了进出口商品，那么他就自动地和其他消费者区分开来。因此，特种公共商品的供给可以通过单独课税来解决。

当然，需要指出的是，尽管一般公共商品和特种公共商品在理论上定义和评判准则是明确的，但现实中，公共商品应归类为一般公共商品还是归类为特种公共商品却并不是一成不变的，其根据一个社会的收入水平、现实情况等条件的变化而变化。比如，随着一个国家的国际化程度的提高，进出口商品可能会越来越成为一种普通的商品，因此，与国际贸易相关的公共商品的需求就会越来越普遍。

3.2.2 基于预算中性的税负设计

在一般税和特种税以及一般公共商品和特种公共商品划分的基础之上，就可以根据预算中性原则，对不同性质的税收和公共商品支出之间形成明确的对应关系，并且据此确定其相应的税负水平。

首先，关于一般税的支出安排，应该专门安排用于弥补一般公共商品的生产成本。一般税是对国民经济的价值流量普遍课征的税。商品劳务收入流和生产要素收入流最终可以分解到经济系统中所有居民的生产、消费、交换、分配活动中，因此，其本质上相当于对所有居民普遍课征的税。根据预算中性原则，其理应用于满足所有居民普遍需求的公共商品供给。

其次，关于特种税的支出安排，应该专门安排用于弥补相应特种公共商品的生产成本。根据前文所述，特种税的设置主要是基于预算中性的收益成本内部化要求，即需要纳税人和其支出安排的受益者对应。所以，特种税从设置的税基选择开始实际上就是考虑和特种公共商品的受益者形成对应关系的。因此特种税应专项用于对应特种公共商品的供给。所以，特种税具有使用者费的特征。

具体来说，可以从特种公共商品的需求成因和特种税的税基选择来看待这个问题。特种公共商品的存在主要基于以下两个原因：

其一是不同消费者的偏好和收入水平等情况存在差异。因此，应该选择将具有特别需求的消费者作为特种税的纳税人，为相应的特种公共商品弥补成本。比如，作为国际贸易相关公共商品的需求者，可以对进出口商品的消费者和生产者课征关税，用于国际贸易公共商品的资金来源；作为公共交通以外的交通运输服务的需求者，可以对其使用者课征燃油税、轮胎税等，用于相关交通运输公共商品的资金来源；作为从社会发展不均衡中获得更多收益的居民，可以对奢侈品消费者课征奢侈品消费税，用于社会救济的资金来源；作为资源开发和修复的受益者，可以对资源商品的消费者和开采者课征资源税，作为资源开发和修复公共商品的资金来源；作为土地开发和治理的受益者，可以对土地增值收入课征土地增值税，作为土地开发和治理等相关公共商品的资金来源；等等。

其二是负外部性的存在。因此，应该选择将负外部性制造者作为特种税的纳税人，为相应的特种公共商品弥补成本。典型的就是环境税和环境保护的对应。某些商品可能会对某地的大气、水源等造成污染，这就导致该地的居民

第3章 一般公共预算制度的总体安排：基于税收中性和预算中性的税制安排

有对环境保护的公共需求。为了保证外部性内部化，就需要对环境污染商品的消费者和生产者课征环境税，作为环境保护公共商品的资金来源。

在税种的支出安排明确以后，就可以"以支定收"来确定相应税种的税负水平。具体来说，就是一般税的宏观税负由一般公共商品的支出需求来确定；特种税的宏观税负由相应特种公共商品的支出需求来确定。

从一般税的税负确定来看，税收虽然可以看作是公共商品的成本，但毕竟不能像私人商品那样一一对应，即每个居民不可能清楚地知道在国防上支付了多少，在治安上支付了多少，在基础教育上支付了多少，等等。但一般公共商品的数量和范围确定以后，需要多少税收是可以测定的。

从特种税的税负确定来看，则相对一般税和一般公共商品，其内部的对应性更强。所以，不同的特种税税种的税负水平应由其对应的特种公共商品的支出需求来测定。

从技术上看，公共商品的支出需求是可以标准化的。例如，可以根据学龄儿童的人口数量、国民经济发展程度、物价水平、风俗习惯等测定基础教育的支出需求。当然，这个标准化是个动态的概念，随经济情况的变化而变化。比如，随着国民经济的发展，消费者对公共商品的需求要求提高，因而公共商品的支出需求水平就会增加；随着物价水平的提高或降低，公共商品生产的成本会相应提高或降低，从而公共商品的支出需求水平也会随之增加或减少。

当然，从宏观上看，只要经济社会是稳定的，对公共商品的支出需求的影响因素的变动实际上也会是连续的，因此，公共商品的支出需求水平的变化也会是连续和稳定的。这就意味着，在预算中性的税制安排框架下，税负水平是稳定的。

综上所述，在预算中性的税负设计下，不同性质的税种和不同性质的公共支出是对应的，不同性质资金之间不能调剂使用，并且税负由对应的公共支出需求水平确定。这样既保证了公共预算的确定性约束，又限制了公共部门对税收支出安排的扭曲性影响。

3.3 本章小结

从形式上看，一般公共预算是通过税收的筹集和安排来实现的。所以，在一般公共预算制度中，税制从总体规定了公共部门在行使其职能时，应该如何筹集税收收入，如何确定税负水平，如何安排税收支出。因此，税制是保证公共预算确定性约束，界定私人经济和公共经济边界的最基本的约束制度。

税收是私人部门收入的转移。要保证公共部门不影响私人经济的资源配置和收入分配活动，就需要按照税收中性和预算中性的要求来安排税制。这是市场经济有效、稳定运行的必要条件。

具体来说，税制安排包括税种设置和税负设计两个方面。其中税种设置约束公共部门如何筹集税收收入；税负设计限制公共部门如何设定税负和安排税收支出。

从税种设置上来说，根据税基选择的范围不同，可以将税种设置为一般税和特种税。一般税是对所有税基普遍课征的税种；而特种税是在一般税的基础之上，选择一部分税基重复课征的税种。由于一般税是普遍课征的税种，因此，根据税收中性的要求，应该把一般税作为税制设置的基础。但现实情况的复杂性决定了只依靠一般税还不能保证税收的中性。归结起来，主要有以下两个方面的原因：其一，是消费者的偏好和收入水平等存在差异，因此对公共需求也存在差异，这需要通过对有特别需求的消费者课征特种税，来保证纳税人和受益者的对应；其二，是负外部性的存在导致一部分人有治理负外部性的公共需求，这就需要对负外部性制造者课征特种税，来保证外部经济的内部化。总之，由于特种税是重复征税，对其开征必须严格依据税收中性的原则。在税种设置中,特种税是一般税的补充。

从税负设计上来看,首先就需要将公共商品进行分类。一般公共商品和特种公共商品是基于预算中性原则的分类。其中,一般公共商品是指消费者普遍需求的公共商品;而特种公共商品是在一般公共商品的基础之上,部分消费者特别需求的公共商品。在不同性质税种和公共商品的分类基础之上,根据预算中性原则,一般税就应该被用于一般公共商品的供给,这是因为一般税是普遍课征的税种,而一般公共商品是满足普遍需求的公共商品,对应起来才能保证纳税人和受益人对应;特种税应该用于对应特种公共商品的供给,这是因为特种税是在一般税基础上选择部分税基课征的税种,并且其税种选择是和特种公共商品的需求来源(受益范围或负外部性)相一致的,因此理应将二者对应起来。在税种的支出安排确定后,就可以"以支定收"来明确税负水平,即一般税的宏观税负由一般公共商品的支出需求来确定;特种税的宏观税负由相应特种公共商品的支出需求来确定。从技术上说,公共商品的支出需求可通过标准化来测定。

根据以上税制安排,一般税和特种税的设置边界通过公共商品的受益确定,并且保证了一般税是税种设置的基础,特种税是其补充;在支出安排上,一般税和一般公共商品对应,特种税和相应特种公共商品对应,不同性质的公共预算收支不能调剂使用。不同性质税种的税负设计由不同性质公共商品的支出需求确定。在稳定的经济社会环境下,由于支出需求的影响因素是连续和稳定的,因此根据预算中性进行的税负设计,公共预算的税负水平也是连续和稳定的。这就从总体上对公共预算形成确定性约束,明晰了私人经济和公共经济的边界,为市场经济的稳定发展提供了微观的制度基础。

第4章 一般公共预算制度的结构安排：基于分税中性和转移支付中性的分税和转移支付制度安排

按照税收中性和预算中性原则所构建的税制，一般公共商品的成本由一般税弥补，且一般税的总税负由一般公共商品的支出水平确定；各特种公共商品的成本分别由相应的特种税弥补，且各特种税的税负分别由相应的特种公共商品的支出水平确定。这样，就对公共预算的收入来源和支出用途之间形成了确定性的预算约束，从总体上保证了一般公共预算的中性。

但是，在现实的制度安排中，一般公共预算的事权还要根据其自身的性质在不同级次的政府之间进行划分，相应地，税收也需要在不同级次政府间进行配置，这就为一般公共预算在结构上也保持中性提出了要求。

在一般公共预算制度中，分税和转移支付制度是对公共部门税收筹集和使用安排活动形成结构约束的制度。按照分税中性和转移支付中性安排分税和转移支付制度是保证一般公共预算结构中性，实现财税政策确定性的必要条件。这是本章所要研究的主题。

4.1 事权划分分析

事权就是公共经济职能在预算中所反映出来的公共部门所应该承担的职责。在现实的制度安排中，由于公共经济职能的行使是通过多级行政组织体制来实现的，因此事权还需要在不同级次的公共部门之间进行划分。

从公共经济理论来看，分权的主要依据是要更有利于资源的有效配置。Tiebout（1956）在《地方支出的纯理论》中提出了著名的"用脚投票"模型，论证分权对资源配置效率的重要意义。他指出，在居民地区间流动不受限制、有大量的地方政府存在、地区间的受益不存在外溢性、不同地区的税收体制相同等条件下，如果不同地方政府提供公共商品和征纳税收的组合各不相同，那么居民会根据自身的偏好在最适合的地方定居，并最终形成均衡。在这一均衡中，资源配置的效率实现了帕累托最优。因此，相对于居民选择受到限制的集权制，分权制更有效率。Stigler（斯蒂格勒）则认为分权的必要性是基于以下两条原则：第一，地方政府比中央政府更了解本地居民的偏好，因此更有能力提供和本地居民偏好匹配的公共商品；第二，地方居民有权利投票决定地方公共商品的范围和数量。

由于本书的研究对象是一般公共预算制度，其直接约束公共部门的微观职能，因此本节主要探讨公共预算中的微观事权划分问题。如前所述，公共预算所反映的微观职能包括公共商品的供给和收入再分配，这也就对应了公共预算中的微观事权。以下将具体地分析公共预算中的公共商品供给事权和收入再分配事权应该如何在不同级次的公共部门之间进行划分。

4.1.1 公共商品供给事权在政府间的划分

公共商品供给事权反映的是公共部门通过公共预算配置资源的职能。如何保证资源配置效率应该是公共商品供给事权划分的主要依据。

公共商品的重要特征在于其一旦被提供出来，就具有一定的受益范围，这是由公共商品的非排他性和非竞争性决定的，这一受益范围大小由公共商品的非排他性和非竞争性的程度决定。为了保证公共商品供给的效率，按照其受益范围来对事权进行划分是必要条件。下文将就此展开详细的说明，并具体探讨如何就公共商品供给的事权在政府间进行划分。

4.1.1.1　全国公共商品和地方公共商品

从受益范围来看，公共商品可以区分为全国公共商品和地方公共商品两类。全国公共商品（national public goods）是指一旦提供，全国所有地方的居民都能普遍受益的公共商品。因此，全国公共商品具有纯公共商品的性质，即多增加一个地方的居民消费，其边际成本为零。并且要排除一个地方的居民消费是不可能的，或者排他成本非常高。如国防、外交、国家安全等都属于全国公共商品。

一般来说，全国公共商品由中央政府提供更有效率。如图4-1所示，横轴代表共同消费全国公共商品的地方的数量，纵轴代表提供全国公共商品的成本。根据全国公共商品的性质，多一个地方的居民消费，其边际成本为零，因此，提供全国公共商品的边际成本曲线 MC 是和横轴重合的。同时，由于提供全国公共商品总要耗费一定的稀缺资源，因此其平均成本必然大于零，也就必然大于边际成本。但是，由于受到平均成本大于边际成本这一关系的制约，因此随着消费地的增多，提供全国公共商品的平均成本必然下降①，但永远不会小于零，当然也就永远不会小于边际成本。所以，提供全国公共商品的平均成本曲线 AC 会随着消费地的增加单调递减且趋近于零（边际成本）。

---

① 这一关系也可以由下式推出：设提供全国公共商品的平均成本为 AC，总成本为 TC，边际成本为 MC，消费地数量为 R。因为提供全国公共商品的边际成本 $MC=0$，所以，TC 为正常数。而 $AC=TC/R$，因此 $AC'=-TC/R^2<0$。

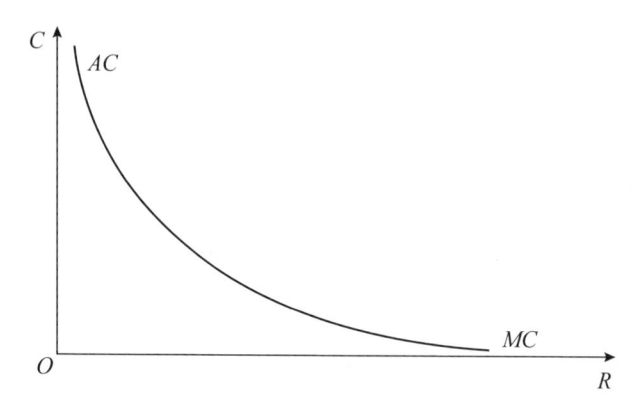

图 4-1　全国公共商品供给的边际成本和平均成本变化

这就是说，全国公共商品的供给具有规模经济特征。只要多一个地方消费所导致的边际成本为零，就越多地方共同消费，越有效率。所以，全国公共商品应由中央政府予以提供，这样可以保证用于提供全国公共商品的资源得到最有效的利用。因此，全国公共商品供给的事权应划归中央政府。

但是，对于某些公共商品来说，多一个地方的居民消费会导致其他地方居民的效用下降，即产生了所谓的"拥挤成本"。此时，对于这类公共商品，多一个地方的居民的消费，其边际成本会随之上升。不难想象，当边际成本大于平均成本时，就会导致平均成本上升。因此这类公共商品并不具备规模经济特征。和全国公共商品对应，这类公共商品就是地方公共商品（local public goods），即局限在一定范围内居民受益的公共商品。典型的地方公共商品如治安、消防、供水、城市基础设施等。

一般来说，地方公共商品由各地地方政府来提供更有效率。如图4-2所示，横轴代表地方公共商品数量，纵轴代表税率。假设某国有三个地方，其居民对地方公共商品的需求在图中表示出来分别是 D_1、D_2 和 D_3。如果该国有一个统一的税率 t^*，在该税率下，每个地方的地方公共商品的最优供给量分别为 Q_1、Q_2 和 Q_3。此时，所有地方的居民对地方公共商品的需求都得到实现，该国对地方公共商品的配置达到帕累托最优。考虑地方公共商品改由中央政府统一提供的情况。由于中央政府并不知道每个地方居民对地方公共商品的需求(或者收集信息的成本太高),因此统一按 Q_2 水平来提供。此时,由于对于地方1的居民来说,中央政府的供给量过多,而对地方3来说,其供给量过少,因此会形成福利损失。反映在图中,中央政府统一提供地方公共商品导致了地方1的哈伯格死角损失为 AEB 的面积,地方2的哈伯格死角损失为 CEF 的面积。

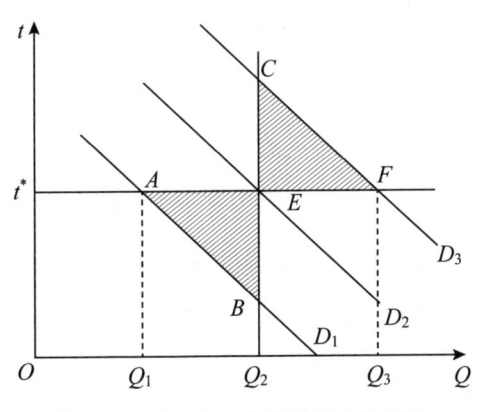

图 4-2 地方公共商品的需求和供给

所以,由于地方政府相对中央政府更加熟悉本地居民对地方公共商品的需求,因而让地方政府来对本地的地方公共商品予以提供通常能使资源配置更有效率。因此,地方公共商品供给的事权应划归地方政府。

4.1.1.2 开放性地方公共商品和闭合性地方公共商品

上文对地方公共商品的分析有一个假设前提,那就是地方公共商品的受益并不具有外溢性。如果放松这个假设,那么地方公共商品供给完全划归地方政府的结论就需要进一步讨论。

如果某地方公共商品一旦提供出来,其他地方的居民也能从中受益,并且无法排他或排他成本太高,那么该地方公共商品就是开放性地方公共商品(open local public goods)。对于开放性地方公共商品,由于其受益具有外部性,因此单由某地方政府提供不能保证外部经济的内部化,因此并不能实现资源的有效配置。

如图4-3所示,横轴表示开放性地方公共商品的数量,纵轴代表税率。其中 D 代表某地对该开放性地方公共商品的需求曲线,当地政府将按照该需求曲线对其进行供给。ER 代表包括其他地方居民在内的所有居民可以从该开放性地方公共商品中获得的收益。ER 和 D 之间的垂直距离,即是其他地方居民可以从该开放性地方公共商品中获得的净收益。MC 代表提供该开放性地方公共商品的边际成本曲线。如果该开放性地方公共商品由某地地方政府单独提供,则该地方政府会根据本地居民的需求曲线和边际成本曲线,提供数量为 Q_1 的开放性地方公共商品,本地居民为其承担的税率为 t_0。但是,从图4-3中可以看出,这一数量并不是帕累托最优的——对于整个国家来说,其最优供给水平应为 Q_2,因此存在供给不足。

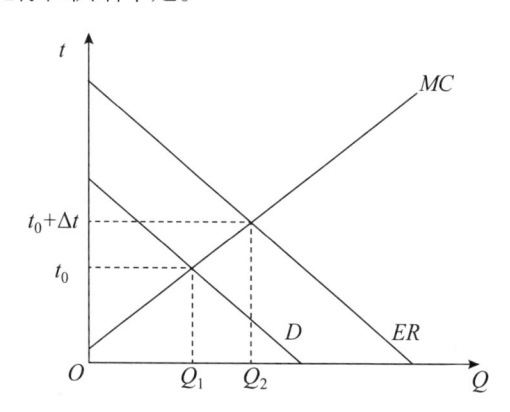

图4-3 开放性地方公共商品的需求和供给

由于开放性地方公共商品的边际成本是递增的,因此一地的居民并没有意愿将本地的税收用于其他地方居民的消费。因此,就需要其他地方的受益居民为他们的受益支付对应的税收,假设这一水平为 Δt。这样,就可以实现数量为 Q_2 的有效供给水平,其对应的税收成本为 $t_0+\Delta t$。

由于市场经济具有较强的流动性,通常很难明确谁从开放性地方公共商品中获得了多少受益,所以对地方政府而言,排他成本相当高。因此,开放性地方公共商品供给的事权适合由中央政府和地方政府共同承担。

闭合性地方公共商品（closed local public goods），是指完全由本地居民受益的公共商品，并不具有受益的外溢性，因此，按照上文的分析，将闭合性地方公共商品划归为地方政府的事权更具有效率。

4.1.1.3　中央和地方的一般公共商品以及中央和地方的特种公共商品

如前所述，根据预算中性原则，公共商品可以分为一般公共商品和特种公共商品。因此在上文的公共商品供给事权划分的基础上，可以进一步将这一分类细分为中央一般公共商品和地方一般公共商品以及中央特种公共商品和地方特种公共商品。下面将具体对这四类公共商品的内涵进行界定。

中央一般公共商品（central general public goods）是指由中央政府履行其供给事权的一般公共商品。具体而言，其包括全国一般公共商品（general public goods of national public goods）以及开放性的地方一般公共商品（general public goods of open local public goods）的收益外溢部分。地方一般公共商品是指地方政府履行其供给事权的一般公共商品，具体包括闭合性的地方一般公共商品（general public goods of closed local public goods）和地方开放性的一般公共商品的收益内部化部分。

同样，中央特种公共商品（central selected public goods）是指由中央政府履行其供给事权的特种公共商品。具体而言，其包括全国特种公共商品（selected public goods of national public goods）以及开放性的地方特种公共商品（selected public goods of open local public goods）的收益外溢部分。地方特种公共商品是指地方政府履行其供给事权的特种公共商品，具体包括闭合性的地方特种公共商品（selected public goods of open local public goods）和一部分地方开放性的特种公共商品的收益内部化部分。

这一具体的分类是分析分税中性和转移支付中性的制度安排的前提和基础。

4.1.2 收入再分配事权在政府间的划分

收入再分配事权是公共部门保障社会公平正义的重要抓手。在市场经济中，私人部门在价格机制的作用下完成收入的初次分配。收入初次分配主要是根据生产要素的边际贡献（或称为边际产值）来实现的。因此，从其分配过程来看是符合公平正义的。但是，不同社会成员所掌握生产要素的初始状态是有差距的，所以存在不同社会成员的机会不均等的情况。这是起点不公平的一种形式。因此，公共部门有必要对其加以纠正，来缩小起点的不公平。

但是，如前所述，本书认为收入再分配是有度的，公共部门对收入进行再分配并不是简单意义上的均贫富，而是在公共预算的框架范围内保证社会成员生存和发展的机会均等，其实现应该以保证一般公共预算的中性为前提。因此，本书所探讨的收入再分配事权主要集中在公共劳务均等化和社会救济两个方面。

4.1.2.1 公共劳务均等化

由于不同地方的经济发展水平不同，因此不同地方政府的收入也必然存在差距。这就可能导致不同地方的居民享受基本公共商品的机会并不均等。发达地区有实力提高本地的人均公共商品消费量到全国的平均人均消费量之上，而欠发达地区则可能连本地居民基本的公共商品消费水平也难以保证。人均公共商品消费水平的提高可以促进发达地区形成更多的资本积累，从而形成富者越富、穷者越穷的马太效应。所以，在地方政府内部并不存在公共劳务均等化的实现机制。这就需要中央政府作为更高一级的政府进行统筹，这样才能保证公共劳务均等化目标的实现。因此收入再分配事权中的公共劳务均等化应该划为中央政府的事权。

公共劳务均等化本质上是一般公共商品供给的均等化。但是，将公共劳务均等化的事权划归中央政府并不是说一般公共商品的供给事权归中央政府。

一般公共商品根据受益范围和受益外溢性，也有全国一般公共商品、开放性地方一般公共商品和闭合性地方一般公共商品之分。如何对其供给事权进行划分应该依据上文所分析的，根据受益和外部经济内部化来划分。

事实上，作为中央政府的事权，公共劳务均等化具体是通过中央政府对地方转移支付的分配来实现的，下文在探讨转移支付制度安排时再涉及。

4.1.2.2 社会救济

社会救济是公共部门收入再分配事权的另一重要形式。社会救济并没有单独的预算安排，而是在公共预算中用税收作为其支出来源来实现，在具体的操作中是被作为一种特殊的"公共商品"来处理的。因此对其事权应按照公共商品供给事权划分的原则来划分。

一方面，从社会救济的受益范围来看，随着被救济人员的增加，边际成本是上升的，因此，是一种典型的地方公共商品；另一方面，从社会救济的受益外溢性来看，其他地方并不能从本地社会救济中受益，因此其并不具有外部性。这样来看，社会救济就是属于闭合性地方公共商品。

根据上文的分析，闭合性公共商品的供给事权应划归地方政府，因此，社会救济的事权原则上应该归地方政府所有。

4.2 税种划分分析

在一般公共预算事权划分的基础上，就可以在政府间对财力也进行相应的配置，即"分税"。如何对分税进行合理的安排，保证公共预算在结构上的中性，是本节所要探讨的主题。

如前所述，分税中性是指导税种划分的基本原则。分税中性的主要难点和关键点在于：在市场经济中，商品劳务和生产要素的流动性都十分强，同时，不同地方的居民的公共需求又存在差异性。在这样的背景下，如何按照税基的流动性来安排分税就是税种划分如何满足分税中性的基本问题。

按照税收中性原则，在税种划分上，会形成中央一般税、地方一般税、中央特种税和地方特种税。同时结合上文对公共预算事权的分析，分税中性的基本要求就是：中央一般税和地方一般税用于满足各级政府行使一般公共商品的供给事权的支出来源，且其总体税负应由一般公共商品供给事权的支出需求水平确定；各中央特种税和地方特种税专门用于受益对应的相关特种公共商品的供给事权的支出来源，且各税种的税负应由相应特种公共商品的供给事权的支出需求水平确定。

根据前文基于再生产循环对税基的分类以及基于税收中性原则对税种的分类，税种具体包括：流量一般税、流量特种税和存量税。同时，根据预算中性原则，公共商品具体包括中央一般公共商品和地方一般公共商品以及中央特种公共商品和地方特种公共商品。下文将基于这一基本分类，并根据分税中性原则，对税种划分问题展开详细的探讨。

4.2.1 中央一般税的配置和支出安排

中央一般税就是划归中央政府所有的一般税。按照预算中性原则，中央一般税应该用于中央政府一般公共商品供给。那么，具体哪些税种应该作为中央一般税呢？又应该如何安排中央一般税的具体用途呢？

4.2.1.1 中央一般税的配置

根据各税种的性质来看，为了保证分税中性，流量税的一般税应划为中央一般税。这主要包括以下几个方面的原因：

首先，这是由流量税的一般税在纳税人和负税人、纳税人和一般公共商品的受益者之间的关系不能明确界定的性质所决定的。依据预算中性原则，若将流量税的一般税划归地方一般税的话，需要满足以下条件，即可以明确界定，流量税的一般税中，有多大比例是由本地的地方一般公共商品的受益者所支付的。比如，地方政府如果知道从本地所征纳的流量税的一般税中，有50%是由消费了本地的地方一般公共商品的纳税人所缴纳的，那么就可以明确将流量税的一般税的50%作为地方一般税。但是，由于市场经济的商品劳务和生产要素具有较强的流动性，一地所生产的商品劳务可能由其他地方的居民消费，一地的生产要素也可能用于其他地方的生产，这种复杂的情况就导致地方政府不能掌握足够的信息来确定流量税的一般税中有多大比例是本地的地方一般公共商品受益者所缴纳的。因此，由中央政府依据预算中性原则来在地方政府间分配流量税的一般税就是保证公共预算在结构上保持中性的必要条件。

其次，这是由流量税的一般税在税收收入所占的比重较大所决定的。在各国和各地区的税制设计中，一般都将流量作为其征税的主要税基。这主要是因为如果对存量课征的税过重，则会导致纳税人将更多的收入用于当期的消费，从而抑制了资本积累，而资本积累又是一个国家或地区经济增长的基本保证，因此存量税过重既不利于经济增长，又会导致流量税税基和存量税税基的萎缩，反而不利于保证税收收入。所以，将收入流量作为主要税基对于公共部门来说是更加理性的选择。而在流量税中，税收中性原则又要求一般税是主体税种，因为特种税过多会导致大量的重复征税，从而破坏了资源配置效率的基础，同样不利于经济增长。综上所述，按照税收中性的要求，流量税的一般税必然在税收收入中占较大比重。所以，如果把流量税一般税划归地方一般税的话，必然会导致地方政府间为了争夺主要财源的税基而展开恶性的税收竞争。这实际上破坏了税收中性实现的基础。

最后，这是由流量税的一般税是中央政府履行公共劳务均等化事权的支出来源所决定的。如前所述，公共劳务均等化主要是指一般公共商品供给的均等化，因此需要一般税的保证。将流量税的一般税划归中央税更有利于中央政府行使公共劳务均等化的事权。

4.2.1.2 中央一般税的支出安排

那么，中央一般税应该如何安排才能保证公共预算的中性呢？根据预算中性原则，中央一般税应该主要用于中央政府提供一般公共商品。所以，首先，中央一般税要用于满足全国一般公共商品的全部支出和开放性的地方一般公共商品的外溢部分的支出。其次，由于流量一般税中一部分本应属于地方一般税收入，因此还要通过一般转移支付补贴地方用于行使地方一般公共商品的供给事权。

在中央一般税的税负设计上，要满足各级一般税税负由各级一般公共商品支出需求水平确定的原则，因此应结合地方一般税和地方一般公共商品一并考虑。

4.2.2 地方一般税的配置和支出安排

地方一般税就是划归地方政府所有的一般税。预算中性原则要求，地方一般税应该用于地方政府行使一般公共商品供给事权的支出。下面将具体分析哪些税种应该划为地方一般税以及如何安排地方一般税的问题。

4.2.2.1 地方一般税的配置

由于流量税的一般税要划归中央税，因此，地方政府要履行其一般公共商品的供给事权就需要依靠中央政府对流量税的一般税的分配，即一般转移支付。但除此之外，根据预算中性原则，实际上还可以将另外一些税种作为地方一般税的来源。

首先，在流量一般税的基础上，地方政府可以设置附加税税种作为地方一般税的来源。这就是流量一般税的附加税（additional general tax of flow tax）。设置流量一般税的附加税作为地方一般税是符合预算中性原则的，这主要是基于市场经济流动性考虑的。

在市场经济中，一个 A 地的居民可能由于工作和生活的需要流动到 B 地，这必然也享受了 B 地地方政府所提供的地方一般公共商品。因此，根据预算中性原则，这部分 A 地的居民就需要为 B 地缴纳一般税。但是由于一般公共商品具有非排他性，因此在技术上无法明确界定哪些人应该为之付费。从节约交易成本考虑，地方政府可以根据外地人从本地的地方一般公共商品的受益情况，确定相应的税率水平对流量税的一般税开征附加税，视为外地居民消费本地的地方一般公共商品的付费。

实际上，在西方市场经济国家，流量一般税的附加税通常也被作为地方政府的财源。例如，对商品劳务一般税通常设有附加形式作为其附加税；在生产要素税种，各级政府都课征相应的个人所得税，地方政府课征的个人所得税实际上就是生产要素一般税的附加税。

其次，存量税中的房地产税也可以作为地方一般税的来源。按照前文的分析，由于存量税的税基通常不可能普遍课征，因此存量税不存在一般税。但是，由于房地产价值可以被视为对本地居民消费本地的地方一般公共商品的受益的衡量，因此，将房地产税作为地方一般税也是符合预算中性原则的。

4.2.2.2 地方一般税的支出安排

同样，对于地方一般税的支出安排，也应该遵循预算中性原则。对于地方政府而言，来自中央政府的一般转移支出、流量一般税的附加税以及房地产税都应该明确用于履行地方一般公共商品的供给事权。

在税负设计上，根据预算中性原则，中央一般税和地方一般税的总税负水平应该由中央一般公共商品和地方一般公共商品的总支出需求水平确定。

4.2.3 特种税的配置和支出安排

和一般税一样，特种税也需要相应地在中央政府和地方政府之间进行划分。但是，由于特种税的受益更加明确，因此，在划分上也相对明了。

4.2.3.1 特种税的配置

如前所述，在按税收中性和预算中性原则构建的税制中，特种税是明确针对有特别公共需求的居民开征的，具有"费"的性质，因此，其纳税人十分明确。在特种税的用途上，也完全用于提供相应的特种公共商品，所以其受益范围也很清晰。这样，按照预算中性原则，将某特种税划归为中央税还是地方税，就完全取决于其所对应的特种公共商品供给事权是属于中央政府还是地方政府。

从特种公共商品的分类来看，属于中央政府供给事权的公共商品包括全国特种公共商品和开放性的地方特种公共商品的外溢部分。根据定义，全国特种公共商品就是一旦提供出来，多一个地方的居民消费的边际成本为零的特种公共商品。如国际贸易和全国性交通等。一方面，国际贸易和全国性交通都是满足部分居民特别需求的公共商品，因此属于特种公共商品；另一方面，国际贸易和全国性交通一旦提供出来，由于平均成本下降，所以消费人数越多，规模经济越大，因而属于全国公共商品。在中性税制中，关税的税基主要是进出口商品，和国际贸易的对应性较强，因此理应作为中央特种税。

而和交通对应的税则相对比较复杂。这主要是因为交通还有全国性交通和地方性交通之分。如果按照收费的方式，使用全国性交通设施所交的费归中央，使用地方性交通设施所交的费归地方，则划分比较明确。但由于交通费通常被税化，与之相关的税种通常包括燃油税、轮胎税、车辆购置税、车船税等，因此这就需要和地区性交通一并考虑，明确交通相关税种在中央和地方间的划分原则。按照性质来看，地区性交通设施不收费的话，那么实际上其他地方的居民也可以从其中受益，所以地区性交通本质上属于开放性的地方特种公共商品。开放性的地方特种公共商品就是具有地区外溢性的地方特种公共商品，其外溢部分有中央承担，内部经济部分由本地承担。所以针对地区性交通原则上既需要开征中央税，又需要开征地方税。从税收中性角度考虑，燃油税、轮胎税、车辆购置税等税种的税基流动性强，作为中央政府的交通特种税比较合理。而车船税等存量税种的税基流动性弱，则可以作为地方政府的交通特种税。除此之外，中央的交通特种税用于全国性交通外的余额可以根据地区外溢性内部化的要求补贴地区性交通的事权开支。

除了地区性交通外，环境保护和治理也是典型的开放性地方特种公共商品。按照中性的税制安排，环境税是对环境污染制造者课征的庇古税，是为了环境保护和治理而开征的税种。为了使外部经济内部化，中央政府应该根据其他地方由于异地的环境污染所导致的治理支出需求来对污染源所在地征收一定比例的环境税，补贴其他被污染地用于环境保护和治理。

当然，环境保护与治理的内部经济部分是地方政府的事权，因此地方政府也应征收相应的特种税。所以，环境税除了中央开征部分外，地方政府也应根据本地环境保护和治理的支出需求课征环境税。

除了开放性的地方特种公共商品外，闭合性的地方特种公共商品则完全属于地方政府的事权，所以与之相关的特种税理应划为地方特种税。闭合性的地方特种公共商品就是一旦提供，其他地方消费会导致其边际成本增加，并且排除其他地方居民消费的排他成本不高的特种公共商品，即主要由本地居民受益的特种公共商品。例如，资源开发和修复、土地开发、耕地治理和修复、社会救济等都属于这类公共商品。

据此，和这些特种公共商品具有对应性的特种税就应该作为地方特种税，由地方政府专门用于相应的特种公共商品的供给。比如，资源税的税基明确与资源开发和修复的事权对应，土地、耕地相关税种明确与土地开发、耕地治理和修复的事权对应，奢侈品税可以与社会救济对应，因此这些税种就应该划归地方特种税。当然，由于奢侈品税的分布并不均匀，一些累进性质的地方税种也可以用于社会救济的资金来源。

4.2.3.2 特种税的支出安排

特种税的用途完全是按照其相应的公共商品的供给事权来安排的。全国特种公共商品和闭合性地方特种公共商品由于其事权安排比较明确，因此相应特种税的支出安排也比较明晰。如关税专款用于国际贸易的相关支出；资源税专款用于资源开发和修复的相关支出；土地、耕地的有关税种专款用于土地开发、耕地开发和治理的相关支出；奢侈品税专款用于社会救济。

对于交通特种税、环境税等特种税，由于需要中央政府来使外部经济内部化，因此其支出安排包括转移支付。例如，中央政府征收的燃油税、轮胎税、车辆购置税等交通特种税，一方面用于满足全国性交通的支出安排；另一方面，其剩余部门应作为专项转移支付补助地方政府。对于地方政府，交通特种税相关的专项转移支付和车船税等构成地方的交通特种税，应专款用于满足地方性交通的支出安排。环境税方面，中央课征的环境税应以专项转移支付的方式，专款用于补贴受到其他地方污染的地方的环境治理；污染源地方的环境税则专款用于本地的环境保护和治理。

在税负确定上，根据预算中性原则，各特种税的税负应该由相应的特种公共商品的支出需求水平确定。相对复杂的是，交通特种税的总体税负应由全国性交通和地方性交通的支出需求总和确定；环境税的税负则应由所有受污染地的环境保护和治理的支出需求确定。

4.3 转移支付制度安排分析

从上文的税种划分分析中不难看出，税种划分只是在结构上保证公共预算中性的必要条件。在事权和税种划分基础上，尽管中性的税负设计保证了公共预算的事权和财力在总体上是匹配的,但在结构并不完全对应。除此之外,一般公共商品供给的均等化要求以及部门公共商品在地区之间具有受益外溢性,需要中央政府通过转移支付制度安排在公共预算中性的基础上保证财力和事权在结构上的对应、公共劳务均等化和外部经济内部化。

同样,转移支付制度也需要根据税收中性和预算中性的原则来安排。税收中性和预算中性原则在转移支付制度上的体现就是转移支付中性。本节主要探讨如何根据转移支付中性来安排转移支付制度。

4.3.1 一般转移支付基金及其分配

根据公共经济理论,一般转移支付是中央政府补助给地方的不规定具体用途的财政资金。但在预算中性的框架下,还需要对一定义加以限定。本书认为,一般转移支付是中央政府在中央一般税用于中央一般公共商品供给事权后,将剩余部分补助给地方的用于其一般公共商品供给事权的财政资金。这主要是基于以下考虑:如果不限定地方政府对一般转移支付的使用方向,那么一般转移支付既可以用于一般公共商品,也可以用于特种公共商品,但是一般转移支付的资金来源主要是一般税,这就破坏了预算中性原则。

本书对一般转移支付的"一般"之处在于并没有限定地方政府将一般转移支付用于何种一般公共商品。事实上,正是由于一般公共商品的受益范围和纳税人对应性弱,所以一般公共商品和一般税之间也只能形成"一般性"的对应关系。

4.3.1.1 一般转移支付基金

由于预算中性原则明确要求一般转移支付应用于地方的一般公共商品支出,因此,应该对一般转移支付形成基金,以便对其进行规范的管理。

一般转移支付基金的来源是中央一般税满足中央一般公共商品根据事权

需求后的余额,即流量税的一般税在用于满足全国一般公共商品支出和开放性地方一般公共商品的外溢部分支出后的余额。

实际上,一般转移支付基金的规模应该是比较大的。这主要是因为,在中性税制中,流量税的一般税所占税收收入的比重较大,同时,全国一般公共商品的供给事权相对于闭合性地方一般公共商品的供给事权较小,开放性地方一般公共商品的外溢部分相对于开放性地方一般公共商品的内部经济部分较小,因此,中央一般税和中央一般公共商品支出的余额会相对较大。这形成了地方政府行使一般公共商品供给事权的重要资金来源之一。

作为制度安排,要保证其约束力就有必要对中央一般税的比例份额加以限定。这实际上是由一般税和一般公共商品的性质所决定的。这就是说,在符合预算中性的预算制度框架下,按照经验数据可以测算出中央一般公共商品供给事权的规模。如果中央公共预算用于中央一般公共商品供给事权的相关支出占中央一般税收入的50%,那么,另外的50%就应该明确作为一般转移支付基金,这是一般转移支付基金来源的依据。

4.3.1.2 一般转移支付基金的分配

一般转移支付基金的分配也应该受到明确的规定。本书认为,由于一般公共商品的资金来源需要符合预算中性原则,且属于公共劳务均等化的范畴,因此,中央政府应该在不破坏预算中性原则对应关系的基础上,按公共劳务均等化的要求在地方间分配一般转移支付基金。这就需要对地方的一般公共商品供给事权的支出需求和收入能力进行核定,将其作为对地方一般转移支付的依据。

首先,在支出需求方面,一般公共商品的人均支出水平是可以标准化的。以基础教育为例,中央政府可以根据学龄儿童的数量、当地的物价水平和风俗习惯、所需要的教学设施等因素来测算其基本的需要水平。同样,对于其他的一般公共商品,也都能根据相应的指标来将其支出需求标准化。按照这样的计量方法，就可以将一地的所有一般公共商品供给事权所涉及的支出需求进行汇总，所得到的数据就是保证该地行使一般公共商品供给事权的标准支出需求。当然，这一标准支出需求通常是指最低需求水平。

其次，在地方收入能力方面，地方的标准一般税收入也是可以核定的。由于转移支付通常具有粘蝇纸效应，因此对地方一般税标准收入的核定通常是指考虑地方经济发展水平、税制等因素后，地方经过努力可以实现的一般税收入，而并不是地方实际所征收的一般税。

最后，此处所指标准化并不是静态的，而是动态的标准化，即该标准会随经济境况的改变而发生变化。具体来说，如果某年的经济境况比较好，税基比较大，一般转移支付基金在满足地方的一般公共商品支出需求后还会形成结余，那么这一结余应结转到下年的一般转移支付使用，或者通过预算追加程序，用于当年一般公共商品的追加支出。反之，如果某年的经济境况比较差，税基比较小，那么一般转移支付基金就可能不足以满足标准化的一般公共商品的支出需求，此时，根据当年缺口情况，对各地的转移支付规模就要相应减少。这样，也就是一般转移支付基金不能调剂它用，从制度上保证了预算中性原则的实现。

总之，中央政府核定的标准支出和标准收入之间的差额就是其分配一般转移支付基金的依据。这一制度安排既有利于保证公共预算的中性，也有利于引导地方之间的有序竞争。

4.3.2 专项转移支付基金及其分配

按照主流定义，专项转移支付就是中央政府补助给地方的规定其具体用途的财政资金。同样，本书认为对其定义仍然要基于预算中性原则加以限定，即专项转移支付就是中央政府将相应特种税补助给地方的用于其相应特种公共商品供给事权的财政资金。

4.3.2.1 专项转移支付基金

和一般转移支付不同，特种税和特种公共商品由于对应性强，因此可以对各税种的转移支付及其用途之间加以明确的限定。例如中央政府的交通特种税补助地方所形成的专项转移支付，就明确必须用于地方的交通支出；同样，环境税补助地方所形成的专项转移支付，就必须用于地方的环境质量支出。除此之外，由于受益明确，中央政府还可以要求地方政府对专项转移支付配套，但配套资金的来源也必须明确是该特种公共商品对应的特种税收入。

从上文的分析可以看出，由于特种税和特种公共商品的对应明确，因此原则上并没有事权和财力在政府间不匹配的问题。实际上，由于一部分特种公共商品具有外部性，因此外部经济内部化是专项转移支付形成的重要依据。

为了使转移支付制度规范化，中央政府应该根据公共商品的外溢性程度明确形成专项转移支付基金，分配给地方政府专款用于相应的特种公共商品的支出。

具体来说，中央政府的交通特种税扣除全国性交通的支出后，其剩余部分可以形成交通的相关专项转移支付基金的来源；中央政府的环境税可以作为环境保护和治理的相关专项转移支付基金的来源。

4.3.2.2 专项转移支付基金的分配

据上述分析不难得知，中央政府对专项转移支付基金分配的依据应该是在预算中性基础上保证外部经济的内部化。

例如，中央政府在分配交通的相关专项转移支付时，应根据一系列相关因素将各地的地区交通设施的外溢程度标准化，以此作为依据来进行分配；同样，中央政府在分配环境保护和治理的相关转移支付时，应根据相关因素将各被污染地的污染程度标准化，形成其环境治理的标准支出需求，以此作为依据来对其转移支付予以分配。

这样的制度安排，既保证了预算中性，也避免了专项转移支付制度对地方政府行为形成不合理的引导。

4.4 本章小结

按照税收中性和预算中性原则安排税制是在总体上保证公共预算中性的基础。但税收中性和预算中性只是公共预算中性的必要条件，而不是充分条件。这主要是因为公共部门在公共预算中的事权和财力还需要在不同级次的政府之间进行配置，这就对公共预算在结构上保持中性提出了要求。本章主要研究如何通过一般公共预算制度安排来实现公共预算结构中性和确定性问题。

本书认为，要保证一般公共预算的结构中性，就需要按照税收中性和预算中性的基本原则设计分税和转移支付制度。税收中性和预算中性原则在分税和转移支付制度上体现出来就是分税中性和转移支付中性。

明确划分事权是按分税中性和转移支付中性原则安排分税和转移支付制度的前提。公共预算的具体事权主要涉及公共商品的供给事权和收入再分配事权两类。

公共商品供给是市场经济在资源配置的重要组成部分，效率原则应该是划分公共商品供给事权的基本依据。根据受益范围和受益是否具有地区外溢性，公共商品可以分为全国公共商品、开放性地方公共商品和闭合性地方公共商品。全国公共商品由于具有地区消费的非竞争性和非排他性，因此划归中央政府统一提供能实现规模经济；闭合性地方公共商品由于具有地区消费的竞争性和排他性，划归地方政府单独提供有利于发挥地方政府的信息优势，因此更具效率；开放性地方公共商品由于具有受益外溢性，因此，其受益外溢部分应作为中央政府的事权，以保证其外部经济内部化，而其内部经济部分则和闭合性地方公共商品的性质一样，作为地方政府的事权更有效。

收入再分配事权是保证市场经济的收入分配公平正义的重要手段，因此，公平原则是其重要依据，但公平分配并不是平均主义，而应以资源有效配置为基础，并且不破坏税收中性和预算中性的基本原则。收入再分配事权包括公共劳务均等化和社会救济。具体来看，公共劳务均等化和缩小起点不公平就是要求一般公共商品供给的均等化，需由中央政府统筹实现。而社会救济是通过"税"来安排的，因此在公共预算中被作为公共商品来处理。从其性质来看，社会救济具有地区消费的竞争性和排他性，因此类似于闭合性地方公共商品，原则上也划为地方政府的事权。

在事权划分的基础上，就可以对财力进行相应配置。财力配置是通过税种划分和转移支付制度来实现的。其主要的难点在于如何协调市场经济的流动性和差异性。分税中性和转移支付中性是其基本依据。同时，收入再分配事权的实现还需要在分税和转移支付制度安排中考虑到公共劳务均等化要求；受益外溢性的存在还需要考虑到外部经济内部化的要求。

在税种划分上，根据税种性质，流量税的一般税由于纳税人和负税人以及纳税人和一般公共商品受益者的关系不明确，适合作为中央一般税，由中央政府根据预算中性原则和公共劳务均等化的要求在地方之间进行统筹分配，形成地方一般税。在流量一般税的基础上，地方政府可以开征流量一般税的附加税，作为地方一般税的来源。这主要是由于流量一般税的附加税可以视作其他地方居民在本地享受地方一般公共商品的付费。除此之外，房地产税也可以作为地方一般税的来源，这主要是因为房地产价值可以衡量本地居民消费本地一般公共商品的程度。特种税由于对应关系明确，可以按照相应事权划作对应政府的特种税。

按照预算中性原则，中央一般税和地方一般税应作为相应政府行使一般公共商品供给事权的资金来源，且中央一般税和地方一般税的总体税负应由提供一般公共商品的总体支出需求确定；中央特种税和地方特种税应作为相应政府行使对应特种公共商品供给事权的资金来源,且各特种税的税负应由相应特种公共商品的支出需求确定。这既是保证公共预算中性的必要条件,也可以在总体上实现事权和财力的匹配。

除了税种划分外,按税收中性和预算中性原则安排转移支付制度也是在结构上保证一般公共预算中性的必要条件。同时,尽管按事权的支出需求设计税负可以保证事权和财力的总体匹配,但是,按照中性分税安排,其在结构上并不是完全对应的,这也需要转移支付来加以协调。

首先,中央一般税在满足中央政府的一般公共商品供给事权需求后其余额可以作为一般转移支付基金,分配给地方政府,用于弥补其提供一般公共商品的财力差距。一般公共商品属于公共劳务均等化的范畴,因此,中央政府在分配一般转移支付基金时,应该根据标准化的收入水平和支出需求的差额来予以分配。根据不同年份经济境况的好坏,一般转移支付基金可能多于或少于标准支出需求。多余部分,应结转下年一般转移支付基金使用,或动用程序提高当年一般公共商品的标准支出水平。不足部分,则应减少当年一般公共商品的标准支出水平。

其次,专项转移支付主要是解决特种公共商品的外部性问题。专项转移支付基金应来源于相应事权所对应的特种税。中央政府补助地方也应该完全按照外部经济内部化的要求来进行。

本章的分税和转移支付制度安排,为结构上保证一般公共预算的中性提供了制度基础。这一制度框架既有利于各级政府的事权和财力相匹配,又对公共部门履行其资源配置事权和收入分配事权提供了刚性的预算约束。为了使这一制度安排更加明晰地呈现出来,本书将基于公共预算中性的事权划分、分税和转移支付制度安排反映在表4-1中。

表 4-1 基于公共预算中性的事权划分、分税和转移支付制度安排

政府级次	事权	财力	依据
中央	全国一般公共商品	流量税的一般税	税收中性、预算中性
	开放性地方一般公共商品	流量税一般税余额形成的一般转移支付基金	税收中性、预算中性、公共劳务均等化、外部成本内部化
	公共劳务均等化		税收中性、预算中性、公共劳务均等化
	全国特种公共商品	相应特种税	税收中性、预算中性
	外部性特种公共商品	相应特种税形成的专项转移支付基金	税收中性、预算中性、外部成本内部化
地方	闭合性地方一般公共商品	一般转移支付、流量一般税的附加税、房地产税	税收中性、预算中性
	开放性地方一般公共商品		税收中性、预算中性
	社会救济		税收中性、预算中性
	地方特种公共商品	相应特种税	税收中性、预算中性

第5章 中国一般公共预算制度安排的现状与财税政策不确定性的评估

一般公共预算制度是约束公共部门的税收筹集和使用安排活动的基本制度。税收会涉及社会资源在私人部门和公共部门之间的配置，这意味着，如果一般公共预算制度的安排不合理，就不能对公共部门形成有效约束，从而导致财税政策难以企稳，破坏市场经济有效、稳定运行的政策基础。所以说，保证一般公共预算制度的确定性约束，限制公共经济对私人经济的扭曲性影响，是市场经济的基本要求。

本章主要从定性和定量两个方面来对我国一般公共预算制度及财税政策不确定性影响现状和问题展开实证研究。

5.1 中国一般公共预算制度安排的现状

我国现行的税制、分税和转移支付制度的基本格局是在1994年的税制改革和分税制改革中确立起来的。1978年党的十一届三中全会，明确了我国开始推行改革开放政策；1984年党的十二届三中全会提出，我国要实现有计划的商品经济；1992年党的十四大进一步提出，我国要建立有中国特色的社会主义市场经济体制。这一系列经济体制改革的关键节点实际上也是我国的税制、分税和转移支付制度的改革节点。1978—1993年的税制和包干体制的构建为后续改革奠定了基础,但和市场经济体制的要求还存在较大的差距。1994年的改革,调整了原税制和包干体制,在形式上按市场经济的要求构建了新的税制和分税制。但是,从30多年的经验来看,我国现行的税制、分税和转移支付制度实际上还是保留了原制度的一些基本特征。如税制过度强调收入筹集和经济调节功能;分税过度强调税收收入划分而忽视了税种性质;转移支付制度过度强调地方利益和专项安排。这些"过度"都反映了一般公共预算制度的软约束,干扰了私人经济的有效运行。

本节主要从定性角度对我国税制、分税和转移支付制度的现状和存在问题展开分析。

5.1.1 中国税制安排的现状与问题

5.1.1.1 中国税制改革的历史沿革与现状

我国现行税制的基本构架是在1994年税制改革基础上不断完善、发展而建立起来的。

1978年改革开放以前,我国是计划经济体制。由于受到"非税论"的影响,我国的税制不断简化,税种不断合并。到1978年,我国税制中只设有包括工商税、工商统一税、关税、工商所得税等在内的13个税种,税制明显不能适应经济发展的复杂情况。1978年党的十一届三中全会后,随着改革开放和经济体制改革的推进,为了发挥税收的调节经济杠杆作用,我国开始进入税制建设的恢复时期,到1993年,先后通过涉外税制改革、两次国营企业"利改税"以及工商税制改革,建立了包括货物和劳务税、所得税、财产税和其他税收4类、37个税种在内的税制体系。1978—1993年的税制改革尽管重新恢复税收在我国国民经济中的地位,但是在具体的设计上并不是很合理,例如,税种设置过于复杂且不合理，一些税种重复设置，而一些本该设置的税种却没有设置；税负分布不均；等等。

1992年，党的十四大明确提出要在我国建立社会主义市场经济体制，而1978—1993年建立起来的税制和市场经济的要求之间存在差距，这就引发了我国1994年的税制改革。根据国家税务总局当时起草的《关于税制改革的实施方案（要点）》，这次税制改革的指导思想是：统一税法，公平税负，简化税制，合理分权，理顺分配关系，保障财政收入，建立符合社会主义市场经济要求的税制体系。

从具体内容来看，第一，统一了内资企业所得税，取消了原国营企业所得税、集体企业所得税、私营企业所得税、国营企业调节税和国家能源交通重点建设基金、国家预算调节基金；第二，统一了个人所得税，取消原个人收入调节税和城乡个体工商业户所得税；第三，设置了内外统一的增值税、消费税和营业税，取消了原工商统一税；第四，开征、调整、撤并了其他一些税种，例如，开征了房地产增值税、遗产与赠予税，改革和调整了证券交易税、城市维护建设税等，取消或合并了盐税、筵席税、集市交易税、牲畜交易税、特别消费税、烧油特别税、国营企业奖金税、事业单位奖金税、国营企业工资调节税等。通过上述改革，最终将税种从37种减少到17种（刘佐，2014）。

2001年以来，为了进一步适应社会主义市场经济体制的要求，在1994年所确立的税制基础之上，又陆续进行了调整。通过"费改税"、内外资企业所得税合并、增值税转型和扩围等改革，最终形成了我国现行的税收制度。具体如表5-1所示。

5.1.1.2 中国税制安排的问题

从我国税制改革的沿革来看，一直十分注重税收的收入筹集功能和经济调节功能，但忽视了税收是在私人部门和公共部门进行社会资源配置的机制这

表 5-1 我国现行税制中的税种构成

类别	细类	税种
流量税	商品劳务税	增值税、营业税、消费税、资源税、城市维护建设税、印花税、船舶吨税、车辆购置税、关税、烟叶税
	生产要素税	企业所得税、个人所得税、土地增值税
存量税		房产税、城镇土地使用税、车船税、耕地占用税、契税

一重要特征,因此,在形成公共经济确定性方面的功能还是强调得不够,而这反而是市场经济体制对税制的基本要求。

具体来说,在一般税设置方面,首先,我国的商品劳务一般税由增值税和营业税两个税种组成,生产要素一般税由企业所得税①和个人所得税两个税种组成。这实际上并不利于均衡税负,会导致我国一般税制度难以保证公共经济对私人经济的影响中性。其次,我国商品劳务一般税和生产要素一般税的具体制度安排又进一步导致我国一般税制度对公共部门难以形成确定性约束。例如,在商品劳务一般税体系中,我国的增值税是生产型增值税,对固定资产抵扣存在政策差异;又将纳税人区分为小规模纳税人和一般增值税纳税人,这实际上又进一步将增值税区分为不同税种。但值得指出的是,自2011年开始,我国开始推行营改增,我国的商品劳务一般税逐渐整合成一个税种,这对于一般税的约束硬化具有重要的意义。在我国生产要素一般税的体系中,2013年企业所得税约占税收总收入的20.29%,而个人所得税约只占5.91%。这说明在我国生产要素一般税的体系中,企业所得税相对个人所得税的地位更加重要,而在国外公司所得税多是调节收入的特种税。在个人所得税制度方面,对不同的收入性质,税负也不一样,比如对劳动所得、资本所得、利息所得等都采取不同的征税办法,实际上也相当于把个人所得税区分为不同的税种。再次,我

---

① 国外没有我国那种"企业所得税",而设"公司所得税",但公司所得税属于特种税。

国税收征管体制存在缺陷,导致存在不规范的税收优惠政策,这又为公共部门利用一般税干预私人经济的运行提供了空间。例如,由于增值税没有立法保障,加之分税制所衍生出来的省际税收竞争,而使地方政府有机会通过增值税税收优惠参与财政竞争。最后,我国税制改革多通过试点的方式推行,但一般税试点实际上是不利于税收中性的,从而进一步破坏增值税税负均衡的约束机制。从理论上说,一般税应该在全国统一执行。对一般税搞试点,意味着不试点地区的税负相对较重,显然会导致税收的非中性影响。

在特种税设置方面,我国并不是根据税收中性原则,而更多的是按"调节"要求来设置的。尽管1994年的税种改革梳理了各税种的关系,撤并了一系列税种,弱化了我国税制重复征税严重的特征,但是,在现行税制中,我国仍然存在大量的"行为税"和"目的税"。这些税种的设置使税收政策进一步沦为政府进行调节的手段,不利于税收政策的稳定。表5-2反映了按税收中性方法对我国的现行税种设置的分类。

表 5-2　我国现行税种设置情况

类别	细类	税收中性分类	税种
流量税	商品劳务税	一般税	增值税、营业税
		特种税	消费税、资源税、城市维护建设税、印花税、船舶吨税、车辆购置税、关税、烟叶税
	生产要素税	一般税	企业所得税、个人所得税
		特种税	土地增值税
存量税			房产税、城镇土地使用税、车船税、耕地占用税、契税

在税负设计方面,首先,我国不同性质的税种和公共商品之间的约束机制并没有建立起来。一般税除了用于国防、科教文卫、农林水气等一般公共商品,也用于公共交通外的交通设施建设、环境保护、土地开发和治理等特种公

共商品；而奢侈品消费税、资源税、关税等特种税却并没有明确规定用于相应的特种公共商品的支出。这就使得我国公共预算内部缺乏约束机制，导致不同性质的资金可以相互调剂使用，从而使公共预算既难以保证中性，也不能硬化约束。其次，我国的税负水平主要是按照筹集政府收入的目的设定的，并不强调"以支定收"的约束原则。同时，由于上述不同性质收支的对应约束关系尚未建立，税负设定的规则就并不明确。这意味着我国的税负水平的设计具有较大的随意性。这样的制度安排导致了政府支出难以受到制度约束。比如近年来我国地方政府为了吸引税源，过度使用税收优惠政策参与税收竞争等公共经济活动就导致宏观税负缺乏稳定机制。宏观税负不稳就导致公共经济难以被市场主体预期，从而使市场经济也难以稳定。

5.1.2 中国分税和转移支付制度安排的现状与问题

5.1.2.1 中国分税和转移支付制度的历史沿革与现状

我国现行的分税和转移支付制度的基本格局是在1994年的分税制改革中所确立的。

1978年改革开放后，传统计划经济体制开始向有计划的商品经济体制转变，在这一过程中，为了适应经济体制的转变，就需要按照"分权"的模式对中央和地方政府之间的关系进行调整。在这一转变过程中，我国构建了所谓的"包干体制"，即在划清中央和地方公共部门事权的基础之上，公共预算收入主要由地方政府征收，然后按照确定的中央和地方公共部门的收入分配办法在不同级次的公共部门之间分配收入，在此基础之上，地方公共部门的预算自求平衡。我国所实施的包干体制，是不在各省之间区别对待的包干体制，具体有六种不同的包干办法，即收入递增包干、上解额递增包干、定额上解、定额补助、定额分成、总额分成加增长分成。

从理论上看，包干体制实际上模糊了不同税种所具有的性质以及其对公共部门经济活动的影响，因此和市场经济体制的要求还是存在实质差距的。并且随着包干体制的推行，各种弊病开始暴露出来。例如，包干体制把本归中央政府所有的税基流动性大的税种划归地方所有，导致地方政府为了争取财政收入而限制资源的在区域间的自由流动，为其搞地方主义提供了制度方便，而资源的自由流动是私人经济有效配置资源和分配收入的必要条件。同时，地方主义还强化了地方间的发展不平衡。但是，中央政府的财政收入却在包干体制下明显减少，从而到后来，中央政府在财力上丧失了公共劳务均等化的能力。到1993年，包干制使"两个比重"严重下降。根据国家统计局的数据，全国财政收入占国内生产总值的比重从1979年的28.21%下降到1993年的12.31%，中央财政收入占全国财政收入的比重从1984年的48.5%下降到1993年的22%。而从西方市场经济国家来看，尽管不同国家的具体制度有所差异，但全国财政收入占国内生产总值的比重一般都在40%左右，而中央财政收入占全国财政收入的比重大部分保持在60%以上。

1994年，在有计划商品经济体制向社会主义市场经济体制转化的背景下，我国推行了分税制财政体制。其基本目标是重新调整中央和地方的财政关系，特别是收入分配关系。具体来看，首先，在事权划分方面，中央公共部门主要承担全国性公共商品的资源配置，并对收入再分配和宏观调控负主要责任，地方公共部门主要承担地方性公共商品的资源配置，并协助中央进行收入再分配和宏观调控。这和分税制改革前的事权安排并没有太大的变动。其次，在分税方面，对税种进行了重新划分，设置了中央税、地方税以及中央和地方的共享税。其中，将消费税、关税、中央企业及金融企业的企业所得税等税种划为中央税；将营业税、地方企业所得税、个人所得税、房产税、城市维护建设税等划归地方税；将增值税设为共享税，按75：25在中央和地方间分成。2001年又进一步将企业所得税和个人所得税设为共享税。除铁路运输、国家邮政、银行以及海洋石油天然气企业缴纳的所得税继续作为中央税外，其他企业所得税和个人所得税收入由中央与地方按60：40分享。最后，在转移支付方面，为了照顾改革后地方政府的既得利益，缓解改革阻力，按照1993年地方政府的实际预算收支数为基础，对地方政府进行税收返还。同时为了弥补分税所导致的地方政府的财力和事权的矛盾，中央政府通过转移支付的形式对地方政府进行补助。转移支付分为一般转移支付和专项转移支付。在具体的制度设计上，一般性转移支付的项目种类较多，目标也多元化；而专项转移支付所涵盖的领域过于宽泛，资金的分配也不尽合理。在项目审批上，行政色彩浓重。在使用上，地方支付的配套压力大。

5.1.2.2 中国分税和转移支付制度安排的问题

从上述分税制改革的情况来看，尽管从形式上说，分税制是按照市场经济的要求来进行构建的，但实质上仍然保留着包干体制的基本特征，改变的只是中央政府在收入增量分配上占了较大的份额(吴俊培 等，2001)。

反映在税种划分方面，主要是从税收收入划分的角度来理解分税，并没有考虑到不同性质的税种在不同级次公共部门之间的不同分配安排会对公共部门的经济活动产生不同的激励影响。如果税种划分未按照税收中性的原则进行安排，则可能导致公共预算制度对公共部门的资源配置和收入分配活动形成软约束。按照本书第4章的分析，增值税、营业税、企业所得税和个人所得税等流量一般税的纳税人和负税人、纳税人和公共商品受益者之间的对应关系模糊，因此应该作为中央税由中央公共部门按照税收中性原则和公共劳务均等化原则在地方之间进行分配。但我国对增值税、企业所得税和个人所得税等流量税实行的是共享税制度，把营业税却划归地方税。一般税收入是公共部门预算收入的主要来源，把一般税划归地方税后，地方公共部门为了争取税基，就会展开"过度"的税收竞争。之所以称之为"过度"，主要是因为地方公共部门在争取税基时，由于制度约束软化而导致公共部门滥用税收政策维护地区利益，造成政策缺乏明确的规则。

在转移支付方面,我国至少存在四种转移支付形式,即共享税、体制分成、一般转移支付和专项转移支付。这些方式既不规范又不透明,没有形成一般公共商品支出和一般税对应,特种公共商品支出和特种税对应的制度安排,无法为公共预算在结构上的中性提供保证。缺乏制度约束,还导致了转移支付结构缺乏控制,造成了专项转移支付比重过大。相对一般转移支付的公式确定的方法,专项转移支付资金的分配、使用更加不合理,扩大了地方公共部门相机抉择的空间。并且,大量的专项转移支付形成预算外资金,使财政更加不透明。转移支付制度缺乏中性原则的约束,同样导致了公共经济活动的随意化。

5.2 中国财税政策不确定性的量化评估

本章的第一节对我国现行税制、分税和转移支付制度的历史沿革、现状安排及存在问题进行了定性分析。本节将在此基础之上,根据计量经济学的相关技术,针对上文所提出的我国一般公共预算制度下财税政策不确定性问题进行量化评估,从经验数据的角度对上述定性结论进行检验。

5.2.1 模型设定:财税政策不确定性指标的构建

为了实现我们实证检验的目的,首先需要构建相应的计量经济模型来评估我国的财税政策不确定性程度。

如前所述,在市场经济中,构建合理的一般公共预算制度,就是要根据公共预算中性的准则来设置税种、设定税负、形成不同性质的收支对应关系、划分税种和设计转移支付制度,以对公共部门的税收筹集和使用活动形成确定性约束。

从现象上看，如果按照上述安排来设计一般公共预算制度，那么，公共部门的税收收入及其支出安排就应该是平稳的。这主要是因为，如果受到一般公共预算制度的约束，那么，公共部门税收政策的相机性就会受到限制，并且其税负水平也只能根据公共商品的支出需求来设定。反过来，公共部门对不同性质的公共商品的资源配置又受到不同性质税种的约束，因此在规模和结构上都不能根据公共部门自身的意图而随意变动。这就是说，公共部门的税收收入及其支出安排形成了互相约束，并受制于公共商品的支出需求。而公共商品的支出需求和一个国家或地区居民的偏好、收入水平、风俗习惯、历史文化等相关，因此又是随国民经济平稳增长的稳定变量，所以，公共部门的税收及其支出安排也会是平稳的。反之，如果一般公共预算制度的约束软化，那么，公共经济就会呈现处较大的随机性。这就是说，公共预算制度的约束越硬，那么公共预算中的税收和公共支出水平就越平稳，或者说，公共预算的收支变化对于私人部门来说，其可预期性就会越强。基于这样的认识，可以对公共预算的收支分解成可预期部分和不可预期部分。其中，公共预算收支中的可预期部分就是可以用制度因素解释的部分，反之，不可预期部分就是公共预算收支中不能用制度因素解释的部分。这样，不可预期的一般公共预算收支的偏离程度就可以用于近似地评估一般公共预算制度对公共部门税收筹集和使用安排的约束效力。在相关的文献中，不可预期的预算收支还通常被称为"规则性"和"相机性"的预算收支。

在如何分解可预期和不可预期的公共预算收支的问题上，有一套相关的计量经济学技术。Barro（1977）通过方程估计了货币供给量的可预期部分和不可预期部分。其基本思路就是，在估计方程中放入可以预期货币供给量规则变化的变量作为解释变量，那么其拟合值就可以用来估计货币供给量中的可预期部分，而残差就可以作为其不可预期部分的估计。这样的思路在IMF、世界银行等组织中评估税收努力程度中也得到了广泛的运用。

近年来，越来越多的学者将这一方法运用到公共预算政策的分解问题中，如Fatás和Mihov（2003；2006）、Afonso等（2010）、Albuquerque（2011）等；国内学者如张馨和康锋莉(2007)、龚锋和卢洪友(2009)、龚旻和张帆(2015)等。典型地，Afonso等（2010）在改进Fatás和Mihov（2003；2006）的估计方程的基础上，将公共预算收支的可预期(规则)部分分为三个部分：回应性部分（responsiveness）、延续性(persistence)部分和相机性(discretion)部分。其中，回应性捕捉的是预算收支对产出的弹性；延续性反映的是当期预算收支对前期预算收支的依赖性；相机性则体现的是外生政治程序或意外的非经济环境对预算收支的影响。在他们的模型中，回应性部分和延续性部分可以拟合的预算收支就是可预期(规则)的预算政策，剩余的残差就是不可预期(相机)的预算政策。本书在Afonso等（2010）所提出的估计方程的基础之上进行了进一步的改进，说明如下：

首先，如前所述，如果一般公共预算制度的约束是确定性的，那么，一般公共预算的收支应该表现出稳定性和延续性。一方面，根据瓦格纳法则，公共预算收支和经济增长之间存在显著、稳定的相关关系；另一方面，我国一般公共预算实行增量预算，当前收支和上期收支应该有较强的依赖性。基于这样的考虑，本书选择一般公共预算收支的滞后项、国内生产总值作为核心变量来估计一般公共预算收支的可预期部分。其基本含义是，市场主体通常可以通过往年的公共预算收支和本年的国民收入来预期本年的正常的公共预算收支水平——这实际上就是Afonso等（2010）的估计方程。

其次，在以上基础模型的基础上，我们还加入反映地区特征的变量作为控制变量，以缓解模型可能存在的内生性问题。在参考已有文献的做法以及数据限制的情况下，本书主要选取人口密度、工业化率、城镇化率和对外开放度作为控制变量。

最后，使用残差来衡量不可预期的一般公共预算收支存在一个问题，那就是估计方程的残差中除包含不可预期预算收支的信息外,还可能包含了其他"噪声",比如遗漏变量和衡量偏误等。因此,为了消除残差中随机冲击所导致的"正常"偏差,本书只将估计方程的残差中绝对值足够大的部分拿来衡量一般公共预算收支的不可预期性,评估一般公共预算制度的约束软化情况。关键的问题是如何剔除残差中的"正常"偏差。参照龚锋和卢洪友(2009)的做法,可以选择回归方程的均方根误($RMSE$)作为评判的标准,只将残差绝对值超过均方根误的部分拿来衡量一般公共预算收支的不可预期性。原因在于,如果残差的绝对值大于均方根误,则拟合值将落在置信水平为95%的预测区间之外,从而可以在5%的显著水平上认为拟合值对实际值的偏差是显著的。按照这样的思路,我们可以构建一般公共预算制度的软约束指数,其公式为:

$$RC_{it}^{j} = \begin{cases} 0, & \text{当 } |\varepsilon_{it}^{j}| \leqslant RMSE^{j} \\ 1, & \text{当 } |\varepsilon_{it}^{j}| > RMSE^{j} \end{cases}$$

在以上公式中,上标 j 表示一般公共预算收入或者一般公共预算支出,下标 i 表示第 i 个省,下标 t 则表示在第 t 期。RC 表示财税政策不确定性指数(下文简称"不确定性指数")。ε 表示估计方程的残差。$RMSE$ 表示估计方程的均方根误。

该公式的含义是,如果估计方程残差的绝对值不大于该方程的均方根误,那么其残差所反映的偏误是正常的"噪音",不能显著用来衡量不可预期的一般公共预算收支的偏离,因此不能认为存在财税政策不确定性问题,即不确定指数取"0";否则,若估计方程残差的绝对值大于该方程的均方根误,那么其残差所反映的偏误就超出了正常的"噪音",这说明残差绝对值就可以显著衡量不可预期的一般公共预算收支的偏离,即存在财税政策不确定性问题,此时不确定指数取"1"。

按照上文的思路,估计方程的具体形式如下:

$$REV_{it} = \alpha_0 + \alpha_i + \alpha_1 REV_{it-1} + \alpha_2 Y_{it} + \alpha_3 X_{it} + \varepsilon_{it}$$

$$EXP_{it} = \beta_0 + \beta_i + \beta_1 EXP_{it-1} + \beta_2 Y_{it} + \beta_3 X_{it} + \varepsilon_{it}$$

其中，REV_{it}、EXP_{it} 和 Y_{it} 分别代表第 i 个省第 t 年实际的一般公共预算收入、实际的一般公共预算支出和实际国内生产总值水平；X_{it} 为地区特征控制变量，具体包括人口密度、工业化率、城镇化率和对外开放度；α_0 和 β_0 是常数项；α_i 和 β_i 表示地区个体效应；ε_{it} 是残差项。

5.2.2 数据和估计方法说明

5.2.2.1 数据说明

本节所采用的数据主要来自中国统计年鉴、中国财政年鉴、《新中国六十年统计资料汇编》、中国人口和就业统计年鉴等。本节采用28个省份34年的面板数据进行估计[①]。同时，在分省份的实证分析中，我们按照传统的划分，把28个省份划分了东、中、西三个地区[②]。

具体的变量解释如下：实际国内生产总值根据1978年为基期的国内生产总值指数计算；实际一般公共预算财政收入为根据1978年为基期的居民消费价格指数计算的实际公共预算财政收入；实际的公共预算财政支出为根据1978年为基期的居民消费价格指数计算的实际公共预算财政支出；人口密度为各省份年末人口统计数和各省份面积的比值；工业化率为第二产业产值和国内生产总值的比值；城镇化率为非农业人口和全省人口的比值，其中，由于2011—2013年非农业人口的数据不再公布，因此使用城镇人口比重进行代替；对外开放率为出口额和国内生产总值的比值。上述各变量的统计特征如表5-3

[①] 本书只包含28个省份是因为数据缺失而剔除了西藏和海南两个省份，同时把四川和重庆合并处理。34年是指1980年至2013年。

[②] 具体的分法是：东部地区包括北京、天津、河北、辽宁、上海、江苏、浙江、福建、山东、广东等10个省份，中部地区包括黑龙江、吉林、山西、安徽、江西、河南、湖北、湖南等8个省份，西部地区包括内蒙古、广西、四川（重庆）、贵州、云南、陕西、甘肃、青海、宁夏、新疆等10个省份。

所示。

表 5-3　一般公共预算制度安排评估数据的统计特征

变量	年份区间	均值	标准差	最大值	最小值
实际国内生产总值（亿元）	1980—2013	534.70	608.31	3 688.12	13.75
实际一般公共预算财政收入（亿元）	1980—2013	87.87	134.16	1 057.40	0.99
实际公共预算财政支出（亿元）	1980—2013	141.46	205.05	1 383.50	4.11
人口密度（人/平方千米）	1980—2013	361.95	450.72	3 833.57	5.22
工业化率	1980—2013	0.45	0.08	0.76	0.19
城镇化率	1980—2013	0.32	0.17	0.90	0.09
对外开放度	1980—2013	0.13	0.16	1.08	0.00

5.2.2.2　估计方法说明

从估计方法上说，由于公共商品的支出是根据税收安排的，因此，公共预算收入和公共预算支出之间的变化并不是随机的。所以，对于本节中的模型拟采用似不相关模型进行估计。

同时，由于本节所采用的是面板数据模型，在处理个体效应上，拟借鉴 Ayres 和 Levitt（1998）以及龚锋和卢洪友（2009）的估计方法。即先使用组内差分对原始模型进行变换，去除个体效应，再在此基础之上，使用似不相关技术对混合数据进行回归。经过变换后，估计方程为：

$$\left(REV_{it} - \overline{REV_i}\right) = \alpha_1 \left(REV_{it-1} - \overline{REV_i}\right) + \alpha_2 (Y_{it} - \overline{Y_i}) + \alpha_3 \left(X_{it} - \overline{X_i}\right) + (\varepsilon_{it} - \overline{\varepsilon_i})$$

$$\left(EXP_{it} - \overline{EXP_i}\right) = \alpha_1 \left(EXP_{it-1} - \overline{EXP_i}\right) + \alpha_2 (Y_{it} - \overline{Y_i}) + \alpha_3 \left(X_{it} - \overline{X_i}\right) + (\varepsilon_{it} - \overline{\varepsilon_i})$$

在得到估计参数以后，就可以计算出本节计量模型中一般公共预算收支的拟合值，即可预期的一般公共预算收支。然后，计算出残差并根据上文软约束指数的公式计算不确定性指数。

最后要说明的是，为了无量纲化的需要，也是为了降低数据可能存在的异方差性,本节对包含单位的变量做了对数化处理。

5.2.3 回归结果分析

为了直观地描述估计方程中一般公共预算收支和核心解释变量——一般公共预算收支滞后项以及国内生产总值之间的关系,绘制了如图5-1所示的散点图和拟合线。从图中不难看出,实际一般公共预算收支均和其滞后项呈现正相关关系;实际一般公共预算收支和实际国内生产总值之间也呈现正相关关系。

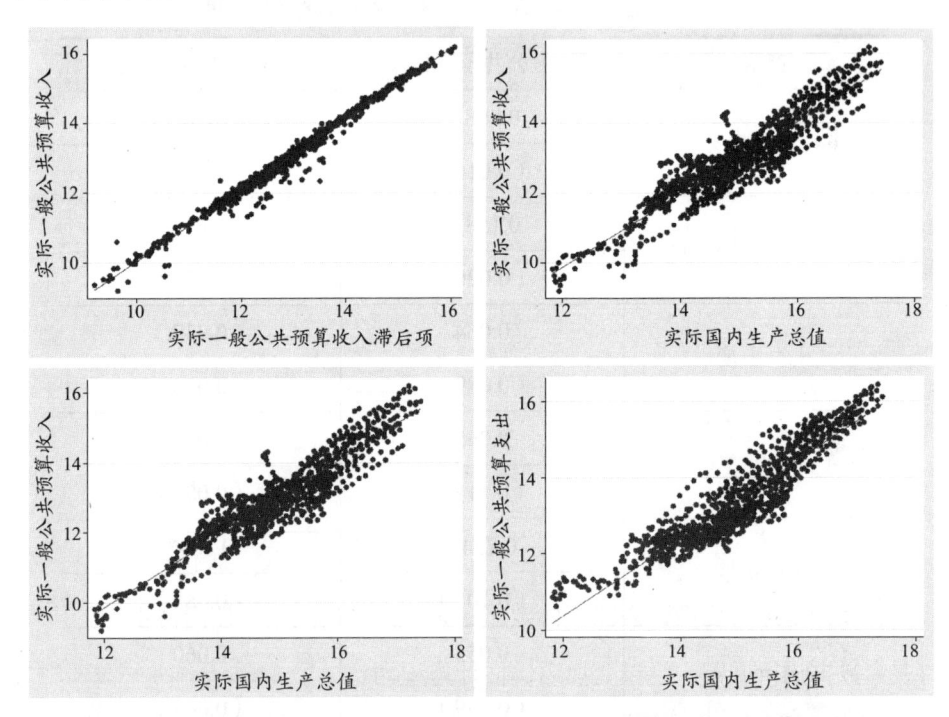

图 5-1 一般公共预算收支与其滞后项、国内生产总值的散点图(无量纲化)

本节计量经济模型的估计结果如表5-4所示。该结果的基本含义是,一般公共预算收支和一般公共预算收支的滞后一期存在显著正相关关系。滞后一期的公共预算收入每增加1%,会引起下一期的公共预算收入增加0.868%。这一结论在1%的置信水平上显著。滞后一期的公共预算支出每增加1%,会引起下一期的公共预算支出增加0.816%。这一结论同样在1%的置信水平上显著。

这反映了我国增量预算的特征。从复式预算的角度来说，公共预算支出可以区分为经常性支出和建设性支出。其中经常性预算支出虽然一般不具有年度间延续性，即当期的支出当期就消费完，但对经常性支出来说是具有递增性的，这是由于居民对公共商品消费的需求一般是递增的；而建设性支出通常在年度间具有延续性，即本年的投资并不一定本年能完成，并且下一年可能还需要继续对同一项目进行投入，这样才能保证项目的顺利完工。

表5-4 一般公共预算收支的似不相关模型的实证结果

变量	一般公共预算收入	一般公共预算支出
一般公共预算收支滞后项	0.868***	0.816***
	（0.014）	（0.013）
实际国内生产总值	0.158***	0.261***
	（0.020）	（0.020）
人口密度	0.064	0.037
	（0.089）	（0.070）
工业化率	0.065	0.056
	（0.111）	（0.085）
城镇化率	0.254**	0.164*
	（0.105）	（0.085）
对外开放度	0.055	0.060
	（0.059）	（0.047）
样本量	924	924
RMSE	0.174 2	0.138 4
R-Squared	0.962 1	0.983 9
Chi2	24 518.43	57 643.47
P值	0.000 0	0.000 0

注：*、**和***分别表示在10%、5%和1%的置信水平上显著（下同）。

从国内生产总值对一般公共预算收支的影响来看，国内生产总值和一般公共预算收支之间存在显著的正相关关系。其中，国内生产总值每增加1%，会导致一般公共预算收入增加0.158%，一般公共预算支出增加0.261%，这一结论在1%的置信水平上显著。国内生产总值表示经济系统内一年的全部流量，是税收收入的税基。因此在税率不变的情况下，国内生产总值和税收收入之间应该是保持同比例增加。国内生产支出导致一般公共预算支出增加则说明瓦格纳定律我国是基本适用的。

从其他控制变量来看，人口密度越大，工业化水平越高，城镇化水平越高，对外开放度越高，其一般公共预算收支的规模也会相应越大。但是以上结果只有城镇化的影响至少在10%的水平上显著。

5.2.4　财税政策不确定性指标在财政体制改革前后的比较

根据以上估计结果，我们就可以分别估计出一般公共预算收支所反映出来的不确定性指数。为了更加直观地表达不确定性指数的估计结果，按年份分别计算财税政策不确定的省份数，如图5-2所示。

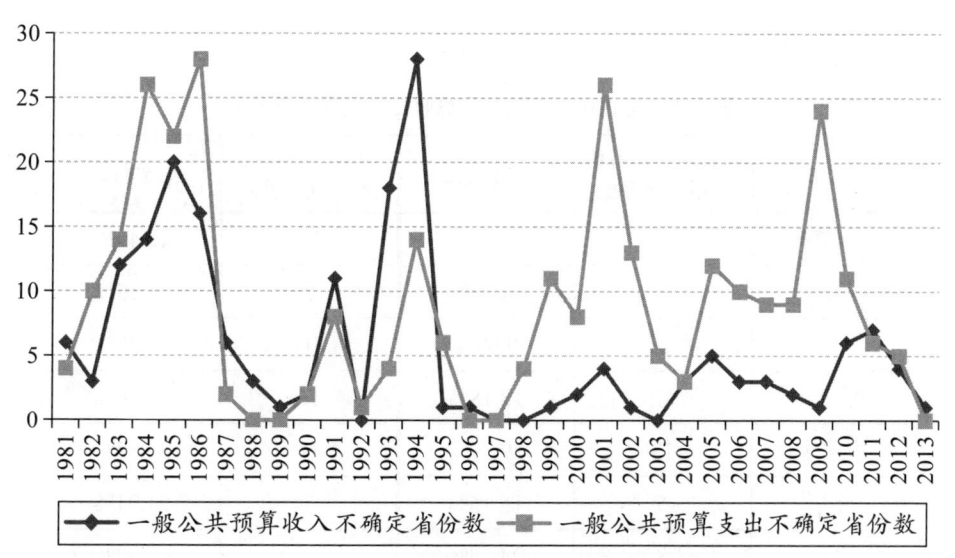

图 5-2　一般公共预算收支不确定省份数变化情况

从图中不难看出，一方面，从一般公共预算收入不确定的省份数来看，在1994年左右的税制改革和分税制改革前后，呈现出明显的变化。1994年改革以前，平均来看，一般公共预算收入不确定的省份相对较多，而在改革之后，收入不确定的省份明显减少。由估计结果的计数可知，改革前收入不确定的省份平均为8.62个，而改革后收入不确定省份的平均数减少到3.65个。若抛开1994年改革导致的结构突变因素，改革后的平均数减少到2.37个。另一方面，从一般公共预算支出不确定的省份数看，在1994年改革前后并没有明显的改变。从估计的计数结果来看，改革前支出不确定的省份平均为9.31个，而改革后支出不确定省份的平均数为8.8个，剔除1994年的结构突变因素，仍有8.53个，减少量不到1个。以上结果说明，从全国的平均水平来看，1994年的税制改革和分税制改革对一般公共预算收入活动形成了一定的约束作用，但对一般公共预算支出的约束硬化并不明显。

5.2.5 财税政策不确定性指标在地区间的比较

为了对公共预算制度的约束情况进行横向比较，在下文中，将分省份把不确定指数的比较反映在表5-5到表5-7中。

表5-5 各省份一般公共预算收支不确定期数比较

	一般公共预算收入不确定期数	期数占比	一般公共预算支出不确定期数	期数占比
北京	8	24.24%	14	42.42%
天津	8	24.24%	5	15.15%
河北	3	9.09%	10	30.30%
山西	6	18.18%	12	36.36%
内蒙古	13	39.39%	11	33.33%
辽宁	5	15.15%	7	21.21%
吉林	8	24.24%	9	27.27%

表 5-5（续）

	一般公共预算收入不确定期数	期数占比	一般公共预算支出不确定期数	期数占比
黑龙江	6	18.18%	9	27.27%
上海	2	6.06%	9	27.27%
江苏	6	18.18%	12	36.36%
浙江	6	18.18%	10	30.30%
安徽	6	18.18%	15	45.45%
福建	6	18.18%	6	18.18%
江西	3	9.09%	13	39.39%
山东	3	9.09%	8	24.24%
河南	4	12.12%	11	33.33%
湖北	7	21.21%	10	30.30%
湖南	6	18.18%	9	27.27%
广东	7	21.21%	9	27.27%
广西	5	15.15%	12	36.36%
四川（含重庆）	7	21.21%	13	39.39%
贵州	9	27.27%	14	42.42%
云南	9	27.27%	11	33.33%
陕西	5	15.15%	14	42.42%
甘肃	5	15.15%	8	24.24%
青海	11	33.33%	11	33.33%
宁夏	11	33.33%	14	42.42%
新疆	10	30.30%	11	33.33%
全国平均	6.61	20.02%	10.61	32.14%

从表 5-5 中不难获得以下方面的信息：首先，从一般公共预算收入不确定性的角度来看，有 12 个省份的不确定期数超过全国平均水平，分别是：北京、

天津、内蒙古、吉林、湖北、广东、四川(含重庆)、贵州、云南、青海、宁夏和新疆,其中,东部省份3个、中部省份2个、西部省份7个,各占高于全国平均水平省份总数的25%、16.67%和58.33%;占各自组别省份总数的30%、20%和70%。这说明对于收入不确定性来说,西部地区的不确定程度最高,以下是东部和中部。其次,从一般公共预算支出不确定性的角度来看,有15个省的不确定期数超过的全国平均水平,分别是:北京、山西、内蒙古、江苏、安徽、江西、河南、广西、四川(含重庆)、贵州、云南、陕西、青海、宁夏和新疆,其中东部省份2个、中部省份4个、西部省份9个,各占高于全国平均水平省份总数的13.33%、26.67%和60%;占其各自组别省份总数的20%、50%和90%。也就是说,对于支出不确定性来说,西部地区的不确定程度仍然是最高的,以下是中部和东部。

表5-6 各省份分时期一般公共预算收入不确定期数比较

	1981—1993年		1994—2013年	
	一般公共预算收入不确定期数	期数占比	一般公共预算收入不确定期数	期数占比
北京	2	15.38%	6	30.00%
天津	5	38.46%	3	15.00%
河北	2	15.38%	1	5.00%
山西	2	15.38%	4	20.00%
内蒙古	7	53.85%	6	30.00%
辽宁	4	30.77%	1	5.00%
吉林	6	46.15%	2	10.00%
黑龙江	5	38.46%	1	5.00%
上海	1	7.69%	1	5.00%
江苏	3	23.08%	3	15.00%
浙江	2	15.38%	4	20.00%

表 5-6（续）

	1981—1993 年		1994—2013 年	
	一般公共预算收入不确定期数	期数占比	一般公共预算收入不确定期数	期数占比
安徽	2	15.38%	4	20.00%
福建	5	38.46%	1	5.00%
江西	1	7.69%	2	10.00%
山东	2	15.38%	1	5.00%
河南	2	15.38%	2	10.00%
湖北	5	38.46%	2	10.00%
湖南	5	38.46%	1	5.00%
广东	4	30.77%	3	15.00%
广西	4	30.77%	1	5.00%
四川（含重庆）	3	23.08%	4	20.00%
贵州	5	38.46%	4	20.00%
云南	8	61.54%	1	5.00%
陕西	2	15.38%	3	15.00%
甘肃	4	30.77%	1	5.00%
青海	9	69.23%	2	10.00%
宁夏	6	46.15%	5	25.00%
新疆	6	46.15%	4	20.00%
全国平均	4	30.77%	2.61	13.04%

由表5-6可以看出，在1994年税制和分税制改革以前，对于一般公共预算收入，有12个省份的不确定期数高于全国平均水平。具体包括：天津、内蒙古、吉林、黑龙江、福建、湖北、湖南、贵州、云南、青海、宁夏和新疆，其中，东部省份2个、中部省份4个、西部省份6个，分别占不确定期数高于全国平均水平省份总数的16.67%、33.33%和50%，分别占其所在组别所有省份

的20%、50%和60%；在1994年税制和分税制改革以后，对于公共预算收入，有13个省份收入不确定期数高于全国平均水平，具体包括：北京、天津、山西、内蒙古、江苏、浙江、福建、广东、四川(含重庆)、贵州、陕西、宁夏、新疆，其中，东部省份6个、中部省份1个、西部省份6个，分别占收入不确定期数高于全国平均水平省份总数的46.15%、7.7%和46.15%，分别占其所在组别所有省份的60%、12.5%和60%。这说明，1994年改革对一般公共预算收入的约束效应在东中西部是有差异的，对于东部来说税制改革和分税制改革反而软化了其收入不确定性，对中部来说改革对一般公共预算收入起到一定的约束硬化的作用，但对西部来说，改革前后收入不确定性没有显著的改观。

表 5-7 各省份分时期一般公共预算支出不确定期数比较

	1981—1993年		1994—2013年	
	一般公共预算支出不确定期数	期数占比	一般公共预算支出不确定期数	期数占比
北京	3	23.08%	11	55.00%
天津	3	23.08%	2	10.00%
河北	5	38.46%	5	25.00%
山西	5	38.46%	7	35.00%
内蒙古	5	38.46%	6	30.00%
辽宁	4	30.77%	3	15.00%
吉林	3	23.08%	6	30.00%
黑龙江	6	46.15%	3	15.00%
上海	3	23.08%	6	30.00%
江苏	6	46.15%	6	30.00%
浙江	4	30.77%	6	30.00%
安徽	7	53.85%	8	40.00%
福建	6	46.15%	0	0.00%

第5章 中国一般公共预算制度安排的现状与财税政策不确定性的评估

表 5-7（续）

	1981—1993 年		1994—2013 年	
	一般公共预算支出不确定期数	期数占比	一般公共预算支出不确定期数	期数占比
江西	3	23.08%	10	50.00%
山东	4	30.77%	4	20.00%
河南	4	30.77%	7	35.00%
湖北	5	38.46%	5	25.00%
湖南	4	30.77%	5	25.00%
广东	5	38.46%	4	20.00%
广西	4	30.77%	8	40.00%
四川（含重庆）	3	23.08%	10	50.00%
贵州	2	15.38%	12	60.00%
云南	8	61.54%	3	15.00%
陕西	3	23.08%	11	55.00%
甘肃	3	23.08%	5	25.00%
青海	4	30.77%	7	35.00%
宁夏	5	38.46%	9	45.00%
新疆	4	30.77%	7	35.00%
全国平均	4.32	33.24%	6.29	31.43%

再看表5-7，在1994年税制和分税制改革以前，对于一般公共预算支出，有11个省份的不确定期数高于全国平均水平，具体包括：河北、山西、内蒙古、黑龙江、江苏、安徽、福建、湖北、广东、云南和宁夏，其中，东部省份4个、中部省份4个、西部省份3个，分别占不确定期数高于全国平均水平省份总数的36.36%、36.36%和27.27%，分别占其所在组别所有省份的40%、50%和30%；在1994年税制和分税制改革以后，对于公共预算支出，有12个

省份收入不确定期数高于全国平均水平,具体包括:北京、山西、安徽、江西、河南、广西、四川(含重庆)、贵州、陕西、青海、宁夏和新疆,其中,东部省份1个、中部省份4个、西部省份7个,分别占收入不确定期数高于全国平均水平省份总数的8.33%、33.33%和58.33%,分别占其所在组别所有省份的10%、50%和70%。这说明,1994年改革对一般公共预算支出的约束在东中西部存在不同的效应,税制改革和分税制改革显著硬化了东部地区的支出约束,对中部地区的一般公共预算支出约束没有显著影响,但对西部地区反而软化了其支出约束。

5.3 中国一般公共预算制度非中性特征对财税政策不确定性影响的实证检验

如前所述,按照公共预算中性的要求设计一般公共预算制度可以保证一般公共预算制度约束的确定化。但我国的一般公共预算制度只是在形式上按照市场经济的要求构建的,实质上无法限制公共部门税收筹集和使用活动对私人经济造成过度干预。在这一部分,将就我国一般公共预算制度的非中性特征对财税政策不确定性的影响进行实证检验。

5.3.1 一般公共预算制度非中性特征指标的选取

从上文的分析可知,我国一般公共预算制度表现出以下几个方面的非中性特征:

第一,税收筹集的方式不中性。公共部门过于强调使用特种税来筹集税收收入,同时增值税、营业税、个人所得税和企业所得税等一般税制度的设计也并不中性。因此,按照本书的理论,某地区某年的税收增加越多,其对私人经济的非中性影响就越大。所以,本年税负相对上年税负的变化量在一定程度上可以用来表现一般公共预算制度的非中性特征。

第二，宏观税负不稳定。地方公共部门之间的税收竞争是我国目前一个重要的财政现象。但是从竞争的程度来看，地方公共部门为了争取税源和地方利益，表现出了过度的竞争(沈坤荣 等，2006)。过度竞争的一个基本的表现，就是会导致宏观税负的不稳定，从而对私人经济造成影响。所以税负波动程度可以用来表现一般公共预算制度的非中性特征。

第三，公共预算支出结构失调。公共预算支出包括经常性支出和建设性支出。其中，经常性支出直接和民生挂钩，而建设性支出可以为地方经济的发展提供更好的基础设施平台。按照中性的一般公共预算制度安排，不同性质的公共商品的支出需求和不同性质的税收之间是相互约束的。但并不存在这种中性的约束机制，因而在官员晋升机制下的"晋升锦标赛"激励下，地方公共部门的投资冲动就会被激发(周黎安，2004)，地方政府的过度财政竞争导致了公共支出结构"重基本建设、轻人力资本投资和公共服务"的扭曲(傅勇 等，2007)。因此建设性支出占预算支出的比重在一定程度上可以用来表现一般公共预算制度的非中性特征。

第四，转移支付结构不合理。由于分税和转移支付制度的安排不合理，从而导致地方公共部门财力和事权的矛盾突出。而为了解决由此产生的问题，上下级公共部门都会依赖相机抉择性强的专项转移支付来处理矛盾。这造成了我国专项转移支付比重过高的不合理结构。专项转移支付的随意性强，对公共部门的约束力有限，因而容易影响到私人经济的有效运行。所以专项转移支付占转移支付的比重在一定程度上也可以用来表现一般公共预算制度的非中性特征。

5.3.2 模型设定：基于面板 probit 模型

基于以上指标的选取，构建了以下计量经济模型来检验我国一般公共预算制度非中性特征对财税政策不确定性的影响。根据前文的论述，财税政策的不确定性用不确定性指数来衡量，而不确定性指数是二值变量，因此在本检验中，采用面板 probit 模型。由于对于面板 probit 模型来说，固定效应模型是有偏的，因此本书采取的是随机效应模型。同时假设 ε_{it} 和 ζ_{it} 均服从标准正态分布。其具体的形式是：

$$DISREV_{it} = \alpha_0 + \alpha_t + \alpha_1 NEU_{it} + \alpha_2 X_{it} + \alpha_i + \varepsilon_{it}$$

$$DISEXP_{it} = \beta_0 + \beta_t + \beta_1 NEU_{it} + \beta_2 X_{it} + \beta_i + \zeta_{it}$$

其中，$DISREV_{it}$、$DISEXP_{it}$ 分别代表第 i 个省第 t 年的一般公共预算收入的不确定性、一般公共预算支出的不确定性。当其取 "0" 时，说明不存在财税政策不确定的问题；当其取 "1" 时，说明存在财税政策不确定的问题。NEU_{it} 代表第 i 个省第 t 年一般公共预算制度的非中性特征变量。X_{it} 为地区特征的控制变量，包括财政分权度、实际人均国民收入、工业化水平、城镇化水平、对外开放度等。α_0 和 β_0 是常数项。α_i 和 β_i 表示地区个体效应。α_t 和 β_t 表示时间效应。ε_{it} 和 ζ_{it} 是残差项。

5.3.3 数据和估计方法说明

该模型的数据来源于中国统计年鉴、中国财政年鉴、《新中国60年统计资料汇编》、中国人口和就业统计年鉴、全国地市县财政资料汇编、中经网统计数据库等。数据类型是包括28个省份在内的面板数据。由于各种限制，各个代表一般公共预算制度非中性特征的变量在时间跨度上存在差异：宏观税负变化是1994—2013年，税负波动是1992—2013年，基本建设支出占预算支出比重是1991—2006年，专项转移支付支出占转移支付比重是1998—2009年。

其中，宏观税负变化由本年宏观税负水平和上年宏观税负水平的差来衡量；税负波动程度用宏观税负增长率的绝对值衡量；基本建设支出占预算支出比重为基本建设支出和总预算支出的比值；专项转移支付占转移支付比重为专项转移支付和总转移支付的比重；财政收支的分权度为缩减经济规模后的财政收支分权度，具体计算公式为地方人均财政收支和全国人均财政收支的比值乘以其他省的国内生产总值总和和全国国内生产总值的比值(龚锋和雷欣，2010)；实际人均国民收入为1978年为基期的人均国民收入水平；工业化率为第二产业产值和国内生产总值的比值；城镇化率为非农业人口和全省人口的比值，由于2011—2013年非农业人口的数据不再公布，因此使用城镇人口比重来代替；对外开放度为出口额和国内生产总值的比值。各变量的统计特征如表5-8所示。

表5-8 一般公共预算制度非中性特征对财税政策不确定性影响模型的数据统计特征

变量	年份区间	均值	标准差	最大值	最小值
一般公共预算收入不确定性指数	1992—2013年	0.15	0.36	1	0
一般公共预算支出不确定性指数	1992—2013年	0.29	0.46	1	0
宏观税负变化	1994—2013年	0.00	0.02	0.26	−0.25
税负波动程度	1992—2013年	0.11	0.21	2.48	0.00
基本建设支出占预算支出比重	1991—2006年	0.10	0.05	0.30	0.01
专项转移支付占转移支付比重	1998—2009年	0.56	0.18	1.44	0.02
财政收入分权度	1992—2013年	0.46	0.15	0.89	0.25
财政支出分权度	1992—2013年	0.72	0.10	0.93	0.39
实际人均国民收入（元）	1992—2013年	1 916.46	1 753.69	11 823.44	289.79
工业化率	1992—2013年	0.46	0.07	0.61	0.22
城镇化率	1992—2013年	0.36	0.17	0.90	0.00
对外开放度	1992—2013年	0.15	0.19	1.08	0.00

在估计上述模型时，首先假设模型的似然函数为(据2000本墨尔本研究所工作文件)：

$$\ln F = \sum_{i=1}^{N} \ln p(y_i)$$

其中 $P(y_i) = \int_{-\infty}^{+\infty} \frac{1}{(2\pi)^{\frac{1}{2}}} \exp \frac{-\alpha_i^2}{2} \left\{ \prod_{t=1}^{T} \Phi \left[\left(\frac{x_{it}'\alpha}{\sigma_\varepsilon} + \frac{\alpha_i}{\sigma_\varepsilon} \right) (2y_{it} - 1) \right] \right\} d\alpha_i$ 对于系数 α，最大似然法提供了一致且有效的估计方法，但是其在计算上是复杂的。当对模型的复合残差 $\alpha_i + \varepsilon_{it}$ 做出适当的假定时，最大似然估计量就可以被简化。假设 α_i 和 ε_{it} 是独立的，那么个体残差的相关系数就可以被认为是常数，即：

$$\text{Corr}(\varepsilon_{it}, \varepsilon_{is}) = \rho = \frac{\sigma_{\alpha_i}^2}{\sigma_{\alpha_i}^2 + \sigma_\varepsilon^2}, t \neq s$$

这样，以上估计问题就是一个单变量积分的问题。这一积分可以通过高斯正交化的方法来进行计算（Butler 和 Moffitt，1982）。这一方法要使用 Hermite 积分公式：

$$\int_{-\infty}^{+\infty} e^{-z^2} g(z) = \sum_{j=1}^{J} A_j g(z_j)$$

5.3.4 估计结果说明

用上述模型的估计结果见表5-9和表5-10（表中4列分别是税负变化、税负波动、基本建设支出占公共预算支出比重、专项转移支付占转移支付比重对不确定性的影响）。首先看宏观税负变化对一般公共预算制度不确定性的影响。可以看出，无论是对于一般公共预算收入不确定性还是一般公共预算支出不确定性，宏观税负变化都存在正向的影响关系。其中，宏观税负变动对一般公共预算收入不确定性的正向影响在1%的置信水平上显著。这意味着，在我国宏观税负增加越大的地区和年份，一般公共预算制度的约束越软化。如前所述，税负越大，公共部门税收筹集和使用的规模越大，这在一定程度上体现了我国税制、分税等制度安排不能有效规范公共部门的税收筹集和使用活动，从而导致了一般公共预算的不确定。

其次，看税负波动对财税政策不确定性的影响。从结果汇总中可知，无论是对于一般公共预算收入不确定性还是一般公共预算支出不确定性，税负波动都存在显著的正向影响，并且均在1%的置信水平上显著。这说明，我国税负波动的制度特征导致了一般公共预算收支的不确定性。在税制、分税等制度安排不合理的情况下,地方公共部门为了参与税收竞争会大量使用不规范的税收优惠政策,这种税负设定的随意性加剧了税负的波动,反映了一般公共预算不确定性的特征。

表 5-9 一般公共预算制度非中性体制对收入不确定性的影响

变量	一般公共预算收入不确定性			
宏观税负变化	67.981***			
	(20.178)			
税负波动		2.885***		
		(0.342)		
基本建设支出比重占预算支出比重			−5.100**	
			(2.269)	
专项转移支付占转移支付比重				1.760
				(1.396)
财政分权度	11.750***	4.774***	6.881***	17.106***
	(2.389)	(1.283)	(1.503)	(4.712)
实际人均国民收入	−1.144**	0.309	−0.761**	−1.749*
	(0.578)	(0.218)	(0.349)	(1.050)
工业化率	2.748*	1.809	2.884**	6.471**
	(1.652)	(1.436)	(1.421)	(2.733)
城镇化率	−4.015**	−3.218***	−1.160	−3.809
	(1、845)	(0.990)	(1.183)	(3.154)
对外开放度	−1.516	−0.066	0.762	−1.913
	(1.007)	(0.602)	(0.586)	(1.570)
东部	−1.215**	−0.682**	−0.085	−1.860
	(0.514)	(0.342)	(0.247)	(0.881)

表 5-9(续)

变量	一般公共预算收入不确定性			
西部	−0.189	0.102	−0.134	−0.057
	(0.301)	(0.236)	(0.247)	(0.486)
财政体制改革		0.110	−0.728***	
		(0.341)	(0.213)	
常数	15.106	−5.581***	−0.321	−6.381
	(1 107.442)	(1.325)	(1.728)	(3 377.208)
地区效应	控制	控制	控制	控制
时间效应	控制	未控制	未控制	控制
样本量	560	616	448	336
Wald chi2 值	51.60***	94.26***	46.13***	22.29
	(0.003 0)	(0.000 0)	(0.000 0)	(0.270 0)

表 5-10 一般公共预算制度非中性特征对支出不确定性的影响

变量	一般公共预算支出不确定性			
宏观税负变化	0.601			
	(3.550)			
税负波动		0.772***		
		(0.263)		
基本建设支出比重占预算支出比重			5.225***	
			(1.799)	
专项转移支付占转移支付比重				2.634**
				(1.018)
财政分权度	10.699***	1.319	−0.800	18.997***
	(3.087)	(1.281)	(1.236)	(5.952)

表 5-10(续)

变量	一般公共预算支出不确定性			
实际人均国民收入	−0.917	0.262	−0.172	−1.575
	(0.579)	(0.211)	(0.282)	(1.018)
工业化率	−0.298	−1.009	−0.272	2.924
	(1.620)	(1.046)	(1.182)	(2.936)
城镇化率	−2.504*	−2.254***	0.211	−4.238*
	(1.349)	(0.738)	(1.023)	(2.303)
对外开放度	−0.195	0.727	−0.079	−0.438
	(0.833)	(0.459)	(0.526)	(1.383)
东部	−0.467	−0.450**	−0.046	−0.700
	(0.441)	(0.218)	(0.222)	(0.801)
西部	−0.614	−0.081	−0.150	−1.300*
	(0.421)	(0.201)	(0.205)	(0.784)
财政体制改革		0.861***	0.562***	
		(0.273)	(0.212)	
常数	0.203	−2.960***	0.292	−4.975
	(2.716)	(0.916)	(1.441)	(4.902)
地区效应	控制	控制	控制	控制
时间效应	控制	未控制	未控制	控制
样本量	560	616	448	336
Wald chi2 值	83.50***	36.84***	17.87**	63.70***
	(0.0000)	(0.0000)	(0.0367)	(0.0000)

再次,看基本建设支出占公共预算支出比重对财税政策不确定性的影响。从表中可以看出,基本建设支出占公共预算支出的比重对一般公共预算收入约

束具有显著的负向作用，且在5%的水平上显著；而对一般公共预算支出约束具有显著的正向作用，结论在1%的水平上显著。这说明，基本建设支出占公共预算支出的比重越大，越软化了一般公共预算支出的约束，但却硬化了一般公共预算收入的约束。从前者来说，这主要是因为在我国预算支出结构失衡的背景下，基本建设支出占公共预算支出比重越高，说明一般公共预算支出的扭曲程度越高，越体现了地方公共部门的官员为了顺利晋升而增加建设性支出，压缩民生性支出的冲动，即越反映了一般公共预算支出的不确定性。

最后，看专项转移支付占转移支付比重对财税政策不确定性的影响。根据表中结果，无论是对一般公共预算收入不确定性还是对一般公共预算支出不确定性，专项转移支付占转移支付比重都具有正向的影响。其中，对一般公共预算支出不确定性的影响在5%的置信水平上显著。这说明，转移支付中专项转移支付的比重越大，一般公共预算收支的约束越软化。究其原因，主要是因为转移支付中专项转移支付越多，越反映了我国公共部门依赖相机抉择性强的专项转移支付来缓解经济中所存在的问题，加大了预算政策的随意性，因而导致了财税政策的不确定。

从其他控制变量来看，基本上可以得到以下结论：财政分权度越高，越不利于一般公共预算制度约束的硬化；人均实际国民收入水平越高，越有利于一般公共预算收入的硬化，但对一般公共预算支出的约束没有显著影响；城镇化水平越高，越有利于一般公共预算制度约束的硬化；对外开放度对一般公共预算制度的约束没有显著影响；东部地区的一般公共预算制度约束力显著较强；西部地区的一般公共预算收入约束力较强；1994年的财政体制改革有利于一般公共预算收入约束的硬化，但不利于一般公共预算的支出约束的硬化。

5.4 本章小结

我国现行的一般公共预算制度是在1994年左右的税制和分税制改革中确立起来的。1992年,我国开始明确建立社会主义市场经济体制,因此,当时的改革是根据市场经济的要求来进行的。从30多年的运行经验来看,当时改革的很多方面都是在形式上模仿了市场经济的要求,但是从实质上看,一则还是保留了原体制的基本特征,二是为了减少改革压力,考虑了当时地方的既得利益,所以在改革上和市场经济要求还存在差距。这就是说,我国现行的一般公共预算制度在界定私人经济和公共经济的边界、约束公共部门经济活动方面还存在很大问题。

具体来说,我国现行税制在税种设置方面并不中性。无论是商品劳务一般税还是生产要素一般税都由两个税种组成,而特种税设置主要基于调节目标,其作用边界并不明确;在税负设计方面,不同性质的税种和不同性质的公共商品支出之间并没有按预算中性原则建立起对应的约束机制,所以税负设计的准则并不确定;在分税方面,主要强调的仍然是税收收入的划分,而非税种划分,而对不同性质税种不同的划分方式则会影响到税种中性在结构上的实现,所以当前税种划分方式并不利于公共预算中性;在转移支付方面,一般转移支付存在目标多元化,而专项转移支付存在项目过度、资金分配不合理等问题。这些特征都导致了我国财税政策的不确定。

本章对我国财税政策的不确定性进行了量化评估。运用计量经济学的相关技术,将一般公共预算收支分解为可预期部分和不可预期部分。其中,可预期的部分就是可以通过一般公共预算制度预期的预算收支部分。如果一般公共预算制度是根据科学的公共经济理论来设计的,就会对公共预算制度形成确定性约束,那么,一般公共预算收支在理论上都应该可以通过制度来预期。但实际中,还存在一部分无法通过一般公共预算制度预期的公共预算支出,其反映了财税政策的不确定。

根据这一思路和我国的一般公共预算面板数据发现,1994年税制改革和分税制改革后,我国一般公共预算制度对收入的确定性约束有所硬化,但对支出的确定性约束反而更加软化。从横向比较来看,我国一般公共预算制度对西部的确定性约束最弱,而对东部和中部地区的确定性约束则相对较强。

一般公共预算制度的非中性特征是造成我国财税政策不确定的成因。通过一个面板 probit 模型发现,在我国宏观税负增加越多,税负波动越强,预算支出结构越失衡,越依赖专项转移支付的地区,其财税政策的不确定程度越高。

第6章 一般公共预算制度、财税政策不确定性与资源配置效率

一般公共预算制度是约束公共部门从事资源配置和收入分配的核心制度。如果一般公共预算制度不能按照中性要求对政府形成确定性的约束，就不能为可预期的财税政策环境提供制度保障，从而可能对资源配置造成扭曲。所以保证一般公共预算制度中性是保证市场经济微观效率的制度基础。

前文分析了我国一般公共预算制度的现状和由此导致的政策不确定问题，并构建和选取了相关指标来对我国一般公共预算制度下的财税政策不确定性进行评估。本章将从机制分析和实证检验两个方面来探讨我国一般公共预算制度下的财税政策不确定性对市场经济资源配置效率所造成的影响。

6.1 一般公共预算制度下财税政策不确定性对资源配置效率影响的机制分析

财税政策不确定性对于经济系统来说，是一种"二阶距"冲击（second moment shock），会对私人部门的行为产生真实的影响。由于在我国以间接税为主体税种，因此本书将分析聚焦在财税政策不确定性对企业的影响方面。实

际上，财税政策不确定性对其他市场主体决策的影响机制和对企业的影响机制存在一致性。

6.1.1 财税政策不确定性对市场资源配置效率影响的经济学分析

实物期权理论是理解地方财税政策不确定性和企业决策之间关系的一个最为重要的渠道。其基本思想是：当企业的资源配置决策调整存在一定的不可逆性时，则在不确定性环境下，企业的决策会保持谨慎。因为一旦不确定性环境导致了企业决策的误判，企业难以调整自身的失误决策，则会对企业的价值带来冲击。本书将这一机制称为观望效应。

实物期权理论有一个重要的前提，即企业资源配置决策的不可逆性。一般用"调整成本"对该问题模型化。调整成本意味着企业未来对决策进行调整时，不是平滑的，而存在一定的摩擦成本。摩擦成本越大，意味着企业决策的不可逆性越大。而在现实中，企业的调整成本是真实存在的。Bloom（布鲁姆）对企业的调整成本进行了详细的阐述：

第一，处置成本。企业在调整过程中，需要对资本投资或劳动雇佣进行处置，而这一处置需要耗费一定的资源。例如，雇佣劳动力有培训成本，而解雇劳动力可能需要进行赔偿。同样，处置资本时，可能因为转售的交易成本、柠檬市场上信息不对称而导致资本贬值、以及转售过程中发生实物成本等而存在资本的转售损失。

第二，中断成本。在企业的调整过程中，当雇佣新员工或者装配新设备时，可能存在一个停工期。例如，雇佣新员工需要发布广告、组织面试和上岗培训等。同样，在重装设备期间，企业需要有一定程度的停工。

第三，调整速度成本。企业改变雇佣或投资决策的调整成本和调整的速度相关。一般来说，调整速度越快，调整成本越高。

所以，正是因为在现实中企业存在调整成本，当地方财税政策环境无法稳定时，企业就有意愿采取观望态度来降低其风险，直到政策环境趋于稳定。同时由于工会或劳动法的保护，劳动力的调整更具刚性。因此地方财税政策波动的观望效应最主要的是表现为对企业投资决策的冲击。

由于财税政策不确定性的条件下，企业的存在调整成本，因此会采取更加谨慎的资源配置决策。而这会导致企业资产负债表的质量下降，企业抵押品的价值降低，因此又会恶化企业的融资能力，从而进一步导致企业的资源配置趋紧。其最终结果是导致企业的资本投资或劳动力雇佣决策低于市场最优水平，导致资源配置的效率损失。

6.1.2 中国一般预算制度下财税政策不确定性对资源配置效率影响的具体机制分析

从我国的现实情况来看，在现行一般公共预算制度安排下，公共部门的资源配置和收入分配活动并不能受到确定性的预算约束，由此导致的财税政策不确定性使得我国价格机制难以在市场经济的资源配置和收入分配中发挥决定性作用。具体说来，一方面，一般公共预算制度的约束软化，导致我国税收筹集活动的不确定性对价格机制造成扭曲。这可以从以下几个方面来看：首先，我国税种设置不中性，税负设计的原则不明确，导致税收政策波动过大。而税收政策是私人经济决策的重要考虑因素，税收政策波动过大导致私人部门难以对公共经济形成明确的预期，从而不利于私人部门对资源的有效配置。其次，我国税种划分的不中性，导致地方公共部门为了争取税源和维护地方利益而展开过度的税收竞争。具体来看，地方公共部门参与税收竞争主要两种方式。第一种是不规范的税收优惠；第二种是地租优惠，也被称为租税效应(黄少安 等, 2012)。地方公共部门为了吸引外资，会利用税收优惠政策。过度的税收竞争进一步加大了政策的不可预期性，对私人经济产生扭曲性影响。

另一方面，公共预算制度的不中性，导致我国税收使用安排的不稳定性对价格机制造成扭曲。如前所述，我国目前公共支出的结构问题主要表现在基本建设支出占公共预算支出的比重过大。基本建设支出可以引致私人投资的增长，这尽管会使地区投资规模上升，但有也可能产生结构扭曲。其一，基本建设支出投入相对于其他财不确定性，由于没有一般税用于一般公共商品支出、特种税用于特种公共商品支出的制度安排，而导致公共预算内部各种收支之间的软约束，严重影响公共预算的透明度；一般转移支付的目标多元化，使其丧失了基本的公共劳务均等化功能；专项转移支付的比重过大，分配制度不合理，就为地方公共部门更加积极地增加建设支出提供激励以争取专项转移支付资金。这就进一步刺激了地方公共部门的"投资饥渴症"，加大了支出政策的不确定性，扭曲了市场资源配置。

6.2 中国一般公共预算制度下财税政策不确定性对资源配置效率影响的实证分析

上一节从机制上分析了我国一般公共预算制度下财税政策不确定性可能对市场经济资源配置效率存在的影响。本节将就上一节的分析进行实证检验。

6.2.1 模型设定：基于 SFA 模型

在实证分析的层面，关于资源配置效率问题的研究，最重要的是 Solow (1957)提出的用索罗残差来衡量全要素生产率，视其为资源开发和利用效率的指标。在方法上，早期主要采用的是索罗增长核算的方法，但近年来，数据包络分析（data envelopment analysis，简称 DEA）和随机边界分析（stochastic frontier approach，简称 SFA）得到越来越广泛的运用。DEA 是由 Charnes 等 (1978)以及 Caves 等(1982)发展起来的一种基于线性规划的非参数方法。其主要的思路是根据产出和投入的实际数据求生产的最小凸包络，以得到生产边界以及相对生产边界的技术效率。DEA 不需要实现设定描述投入产出关系的生产函数，也不考虑残差中包含的随机因素和测量误差。SFA 由 Aigner 等(1977)以及 Meeusen 和 Broeck (1977)最早提出，并由 Battese 和 Coelli (1992；1995)发展而形成的以回归分析为基础的参数分析方法。其主要思路是在生产函数设定的基础上求解生产边界和技术效率。相对 DEA 而言，SFA 考虑了随机因素的影响。傅晓霞和吴利学(2007)分析两种方法在中国的适应性时发现，DEA 对数据的敏感性太强，而 SFA 的结果更加稳健，因此认为 SFA 更适应中国的情况。

为了分析影响效率的因素，DEA 需要首先计算技术效率，再和影响效率因素进行回归，也就是采用二步法。而 Battese 和 Coelli (1995)所发展的 SFA 模型则在估计技术效率时同时考虑影响效率的因素，采用一步法进行回归。Wang 和 Schmidt (2002)利用蒙特卡罗模拟方法证实一步法要优于两步法。基于此，在本书的分析中将采用 SFA 模型。

生产函数设定不同，对效率的估算也存在一定的差异。本书选取的是超越对数生产函数，其具体的形式为：

$$\ln Y_{it} = \alpha_0 + \alpha_1 \ln K_{it} + \alpha_2 \ln L_{it} + \alpha_3 \frac{\ln K_{it}}{2} + \alpha_4 \frac{\ln L_{it}}{2} + \alpha_5 \ln K_{it} \ln L_{it} + \varepsilon_{it}$$

其中，Y_{it}、K_{it} 和 L_{it} 分别代表第 i 个省第 t 期的真实产出、真实资本存量和劳动力。

在设定了生产函数之后，就可以使用 Battese 和 Coelli (1995)发展的随机边界模型来估计我国市场经济的资源配置效率并且检验我国一般公共预算制度的软约束和非中性特征对我国市场效率的影响。SFA 的基本思想是，假如在投入要素 X_{it} 的条件下，最有效的个体的产出是 Y_{it}，那么投入和产出之间的关系 $Y_{it} = f(X_{it}, \beta)$ 就构成了经济系统的生产可能性边界，如图6-1所示。在图中，x 轴表示要素的投入量，y 轴表示产出水平，图中的黑点是实际的样本点，最外的边界是由生产效率最高的样本点连接而成的随机边界。实际样本点和随机边界之间的垂直距离就可以表示可以生产但未生产的产量,即效率损失。在 SFA 中,效率损失作为随机误差项的一部分被包括在模型中。

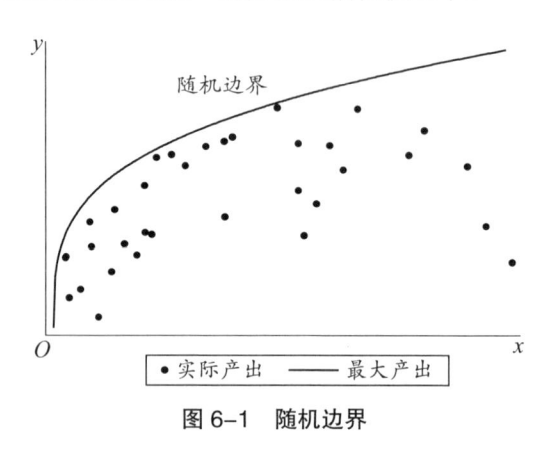

图 6-1　随机边界

该模型可的具体形式表述如下:

$$Y_{it} = X_{it}\beta + \omega_{it} - v_{it}$$

其中,β 为生产函数中的待估参数。Y_{it} 为产出变量,X_{it} 为投入变量,在本书中对应第 i 个省第 t 期的实际资本存量及其平方项、劳动力及其平方项以及实际资本存量和劳动力的交乘项。ω_{it} 为第 i 个省第 t 期的随机误差项,假设其服从正态分布 $N(0, \sigma_\omega^2)$,且独立于 v_{it}。v_{it} 为第 i 个省第 t 期的无效率项。根据假设的不同,v_{it} 的分布可以分为以下四种情形:半正态分布、截断型正态分布、指数分布和伽马分布。在本书中,假设 v_{it} 服从半正态分布 $N(\mu_{it}, \sigma_\omega^2)$,是一个非负的随机变量。这样,无效率项 v_{it} 可以进一步表示为:

$$v_{it} = Z_{it}\gamma + \varepsilon_{it}$$

其中,γ 为无效率方程的待估参数,Z_{it} 为影响无效率项的外生变量。在本书中,为了分析财税政策不确定性及一般公共预算制度非中性特征对市场效率的影响,选取在上一章所构造的不确定性指数以及一般公共预算制度非中性特征变量作为无效率项的解释变量。同时将工业化率、城镇化率、对外开放度、初始人力资本存量、地区虚拟变量、市场化改革虚拟变量作为无效率方程的控制变量，并且设随机误差项 ε_{it} 服从正态分布 $N(0, \sigma_\omega^2)$。技术效率项可以设定为：

$$TE_{it} = \exp\{-v_{it}\} = \exp\{-Z_{it}\gamma - \varepsilon_{it}\}$$

6.2.2 数据和估计方法说明

本节的数据主要源于中国统计年鉴、中国财政年鉴、《新中国六十年统计资料汇编》、中国人口和就业统计年鉴、全国地市县财政资料汇编等。各变量的省份数为28个，时间跨度根据各变量的限制不同而有所差别。各变量的解释如下：

实际国内生产总值是以1978年为基期的国内生产总值指数计算的。实际资本存量是根据永续盘存法计算的资本存量数。按照通常的做法，所选取的折旧率为10%，并以1978年为基期进行换算。劳动力是按三次产业分从业人员数计算的劳动力人数。不确定性指数按上文所构造的二值变量计算。宏观税负变化是本年宏观税负水平和上年宏观税负水平之差。税负波动程度用宏观税负增长率的绝对值来衡量。基本建设支出占预算支出比重是建设性支出与总预算支出之比。专项转移支付占转移支付比重是专项转移支付与总转移支付之比。工业化率是第二产业产值与国内生产总值之比。城镇化率为非农业人口与全省人口之比，其中，由于2011—2013年非农业人口的数据不再公布，因此使用城镇人口比重代替。对外开放率是出口额与国内生产总值之比。初始期人力资本存量是由1982年小学以上文化人口比重来表示的。地区虚拟变量则为东、中、西部的虚拟变量。市场化改革虚拟变量是以1992年为界的虚拟变量。上述变量的统计特征如表6-1所示。

在估计方法上，由于SFA的残差是复合残差，因此最小二乘法不再适用。同时由于残差的分布可知，因此可以采取最大似然法进行估计。

表 6-1 一般公共预算制度对资源配置效率影响数据的统计特征

变量	年份区间	均值	标准差	最大值	最小值
实际国内生产总值（亿元）	1981—2013 年	546.97	613.17	3 688.12	14.20
实际资本存量（亿元）	1981—2013 年	3 081.52	5 317.45	47 645.14	54.60
劳动力	1981—2013 年	2 221.81	1 542.69	6 554.32	149.70
公共预算收入不确定性指数	1981—2013 年	0.20	0.40	1	0
公共预算支出不确定性指数	1981—2013 年	0.32	0.47	1	0
宏观税负变化	1994—2013 年	0.00	0.02	0.26	−0.25
税负波动	1992—2013 年	0.11	0.21	2.48	0.00
基本建设支出占预算支出比重	1991—2006 年	0.10	0.05	0.30	0.01
专项转移支付占转移支付比重	1998—2009 年	0.56	0.18	1.44	0.02
工业化率	1981—2013 年	0.45	0.08	0.76	0.19
城镇化率	1981—2013 年	0.32	0.17	0.90	0.09
对外开放度	1981—2013 年	0.13	0.16	1.08	0.00
初始人力资本存量	1981—2013 年	0.61	0.10	0.78	0.43

6.2.3 财税政策不确定性对资源配置效率影响的实证分析

6.2.3.1 超越对数生产函数的估计结果分析

上文模型中一般公共预算制度下财税政策不确定对资源配置效率影响的估计结果如表6-2和表6-3所示。在此，首先分析超越对数生产函数的结果。由于在不同模型下超越对数生产函数的设置是一致的，并且从表中可以看出其估计结果也相当稳健，因此，仅选择表6-2所反映的结果作为代表进行分析。

由表6-2的结果可知，无论是资本还是劳动对产出的影响都显著为正。根据超越对数生产函数投入要素的弹性计算公式可知，资本的平均产出弹性约为0.339 2，劳动的平均产出弹性约为0.619 7。这说明改革开放以来，我国劳动力在产出增长中的边际贡献要大于资本的边际贡献，这和我国人口红利现象是

第6章 一般公共预算制度、财税政策不确定性与资源配置效率

一致的。同时资本和劳动的平均产出弹性之和约为 0.958 9，这说明我国经济的规模报酬大体是不变的。

表 6-2 一般公共预算收入不确定对资源配置效率影响的实证结果

	系数	标准误	t 值
超越对数生产函数			
常数项	4.153 8***	1.401 6	2.963 7
资本存量	0.088 3	0.105 7	0.835 0
劳动力	1.446 1***	0.080 7	17.927 6
资本存量平方项	0.055 7***	0.009 4	5.952 9
劳动力平方项	0.082 2***	0.028 9	2.839 7
资本存量与劳动力交乘项	−0.088 3***	0.011 8	−7.500 6
无效率方程			
常数项	1.688 5***	0.145 9	11.574 4
一般公共预算收入不确定	0.061 3***	0.015 4	3.988 7
工业化率	−0.646 1***	0.100 9	−6.406 2
城镇化率	−1.671 7***	0.077 6	−21.536 1
对外开放度	0.154 2***	0.057 5	2.679 6
初始人力资本存量	−0.687 2***	0.122 6	−5.604 7
东部	0.096 5***	0.021 2	4.541 6
西部	0.053 8*	0.034 0	1.579 9
市场化改革虚拟变量	−0.287 7***	0.022 9	−12.538 3
sigma-squared	0.049 3***	0.002 8	17.421 7
gamma	0.000 0	0.000 0	0.018 6
极大似然值	80.755 5		
LR 检验值	666.124 7		
样本量	924		

表 6-3　一般公共预算支出不确定对资源配置效率影响的实证结果

	系数	标准误	t 值
超越对数生产函数			
常数项	4.234 5[***]	1.060 7	3.992 3
资本存量	0.047 8	0.149 5	0.319 6
劳动力	1.605 0[***]	0.177 0	9.068 9
资本存量平方项	0.064 4[***]	0.011 4	5.660 3
劳动力平方项	0.091 5[***]	0.031 1	2.937 8
资本存量与劳动力交乘项	−0.102 7[***]	0.012 6	−8.166 7
无效率方程			
常数项	2.069 0[***]	0.104 5	19.795 3
一般公共预算支出不确定	0.026 6[*]	0.017 1	1.555 9
工业化率	−0.995 1[***]	0.097 5	−10.205 6
城镇化率	−1.543 6[***]	0.072 5	−21.293 7
对外开放度	0.150 2[***]	0.053 3	2.817 4
初始人力资本存量	−0.611 8[***]	0.127 7	−4.790 7
东部	0.093 5[***]	0.023 2	4.023 8
西部	0.061 2[**]	0.027 9	2.197 4
市场化改革虚拟变量	−0.311 3[***]	0.027 3	−11.411 2
sigma-squared	0.049 6[***]	0.002 6	19.196 7
gamma	0.005 2	0.004 3	1.216 6
极大似然值	74.913 4		
LR 检验值	654.440 5		
样本量	924		

6.2.3.2 一般公共预算制度不确定对资源配置效率的影响分析

图6-2和图6-3直观地反映了我国市场经济资源配置效率的分省份情况和变化趋势。

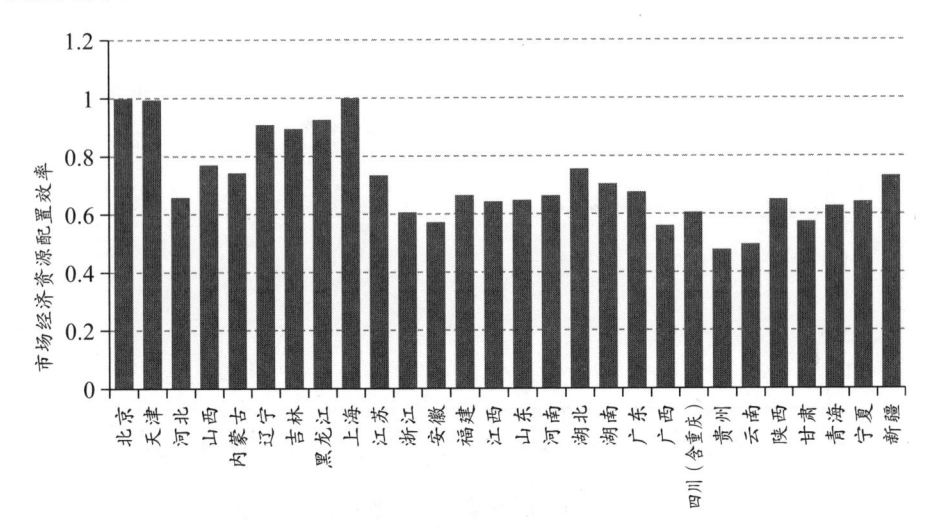

图 6-2　我国市场经济资源配置效率的分省份情况

由图6-2大致可以看出，我国东部省份的资源配置效率要明显高于中西部地区，这说明我国东部地区的省份在资源的利用上更加有效。从实际数据上看，东部地区省份的平均效率为0.788 6，中部地区省份的平均效率为0.740 6，而西部地区省份的平均效率只有0.610 1。

由图6-3可知，1980—2013年，我国市场经济的资源配置效率呈明显的上升趋势。其中1992年附近存在明显的跳跃，这主要是由于1992年党的十四大决定我国开始构建社会主义市场经济体制，市场化的推行有力地释放了我国的效率空间。

由前文对我国财税政策不确定性指数的分省份和分时分析可知，我国不确定性指数，特别是收入不确定性指数在1994年得到了显著的改善，而在不同省区间，东部省份的约束最强，中部次之，西部最弱，这直观地说明了，我国一般公共预算制度的确定性约束和资源配置效率之间存在正向关系。下面将根据计量经济模型来进行检验。由于 SFA 模型中估计的是无效率方程，因此若不确定性指数不利于资源配置效率的改善，则其符号为正，即财税政策不确定时，资源配置更加无效。

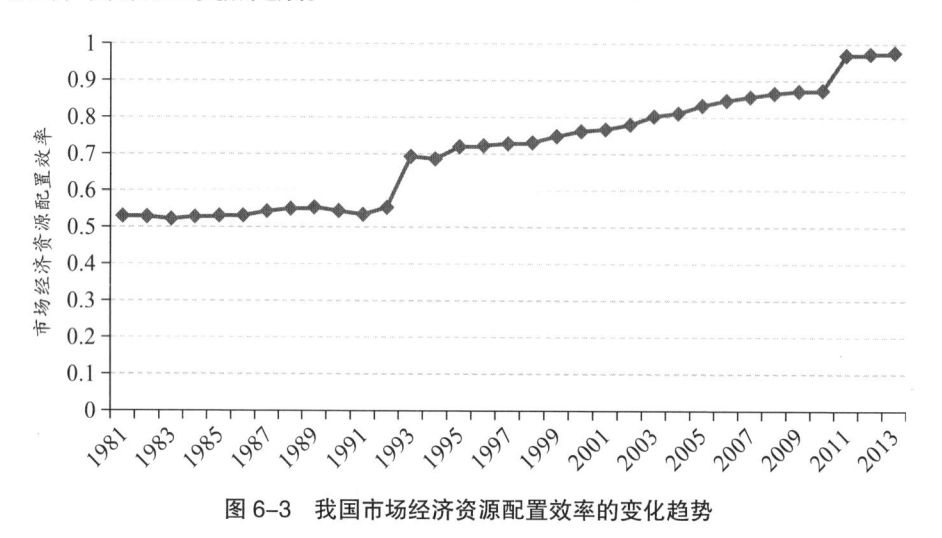

图 6-3　我国市场经济资源配置效率的变化趋势

由表6-2可知，一般公共预算收入不确定显著地不利于资源配置效率的改善，其导致效率下降0.061 3，这一结论在1%的置信水平上显著。由表6-3可知，一般公共预算支出不确定同样显著地不利于资源配置效率的改善，但是其负效应的程度没有收入不确定性强，结论也没有那么显著。具体来说，一般公共预算支出不确定导致效率下降0.026 6，这一结论在10%的置信水平上显著。

以上结论说明我国财税政策不确定的特征导致了市场经济资源配置效率的损失。其原因和机理在上文已经做了详细的论述。简而言之，由于一般公共预算制度不能对公共部门的税收筹集和使用安排形成确定性的约束，从而为财税政策不确定的产生提供的制度空间，扭曲了价格机制的有效作用，导致微观结构偏离有效的状态，而形成了资源配置的帕累托效率损失。

从其他控制变量看，工业化率、城镇化率、初始人力资本存量以及市场化改革都显著地改善了我国市场经济的资源配置效率，其结论均在1%的置信水平上显著；而对外开放度、地区虚拟变量显著不利于资源配置效率的改善，结论至少在10%的水平上显著。

6.2.4 一般公共预算制度非中性特征对资源配置效率影响的实证分析

在这一部分，将对一般公共预算制度非中性特征对资源配置效率的影响进行检验。一般公共预算制度非中性特征的变量仍然是选取上一节的相关变量，包括宏观税负变化、税负波动、基本建设支出占公共预算支出比重以及专项转移支付占转移支付比重四个指标。具体的估计结果如表6-4所示。

表6-4 一般公共预算制度非中性特征对资源配置效率影响的实证结果

	超越对数生产函数			
常数项	−5.894 5***	−1.532 2**	−8.221 1***	−3.236 4***
	(−0.986 6)	(1.042 8)	(1.081 2)	(0.979 9)
资本存量	0.862 7***	0.882 0***	1.725 0***	1.204 0***
	(0.060 1)	(0.153 9)	(0.173 5)	(0.180 0)
劳动力	2.268 7***	1.263 3***	1.268 8***	1.200 5***
	(0.371 5)	(0.227 2)	(0.260 8)	(0.376 1)
资本存量平方项	0.025 2***	−0.000 2	−0.041 8***	−0.017 9
	(0.009 3)	(0.011 8)	(0.017 1)	(0.021 3)
劳动力平方项	−0.015 5	0.054 1**	0.123 7***	0.094 6*
	(0.037 9)	(0.037 1)	(0.045 0)	(0.061 7)
资本存量与劳动力交乘项	−0.105 3***	−0.065 1***	−0.096 9***	−0.076 3***
	(0.024 0)	(0.014 4)	(0.023 5)	(0.031 7)
	无效率方程			
常数项	0.601 6***	2.089 6***	1.363 4***	2.741 4***
	(0.089 3)	(0.135 7)	(0.111 6)	(0.197 9)

表6-4（续）

宏观税负变化	−0.368 4			
	（0.908 7）			
税负波动		0.113 9**		
		（0.054 4）		
基本建设支出占预算支出比重			0.574 2**	
			（0.257 8）	
专项转移支付占转移支付比重				0.345 7***
				（0.085 2）
工业化率	−0.332 4***	−0.742 8***	−0.819 1***	−1.178 6***
	（0.109 2）	（0.031 0）	（0.162 7）	（0.233 9）
城镇化率	−1.323 4***	−1.900 5***	−1.620 9***	−1.729 8***
	（0.095 1）	（0.040 6）	（0.149 9）	（0.168 1）
对外开放度	−0.129 7***	0.238 0***	−0.114 0*	0.057 3
	（0.042 9）	（0.038 9）	（0.078 9）	（0.098 6）
初始人力资本存量	−0.360 9***	−0.853 7***	−0.346 1**	−1.072 6***
	（0.153 8）	（0.182 0）	（0.189 9）	（0.209 9）
东部	0.459 9***	0.182 3***	0.202 6***	0.139 5***
	（0.030 2）	（0.038 3）	（0.026 7）	（0.046 9）
西部	0.346 6***	0.002 7	0.106 6***	−0.054 3*
	（0.037 4）	（0.033 9）	（0.037 0）	（0.041 1）
sigma-squared	0.083 1***	0.055 8***	0.034 1***	0.045 6***
	（0.005 6）	（0.002 9）	（0.002 2）	（0.003 5）
gamma	0.010 6***	0.001 2	0.003 2	1.000 0***
	（0.001 3）	（0.017 9）	（0.004 2）	（0.000 0）
极大似然值	−78.902 2	−99.854 9	59.535 7	44.127 5
LR检验值	193.616 0	182.940 1	303.839 5	271.154 6
样本量	560	616	448	336

由于对超越对数生产函数的结果在上文中已经进行了分析，因此在此不再赘述。在此主要着重分析一般公共预算制度非中性特征对资源配置的影响。表6-4中结果显示，宏观税负增加越多，越有利于资源配置效率的改善，但这一结果并不显著。除此之外，税负波动、基本建设支出占预算支出比重、专项转移支付占转移支付比重增加均显著不利于资源配置效率的改善。其中，税负波动和基本建设支出占预算支出比重的结论在5%的置信水平上显著，专项转移支付占转移支付比重的结论在1%的置信水平上显著。这说明了我国一般公共预算制度的非中性特征确实导致了我国市场经济资源配置效率的降低。其具体原因在上文已经详细论述。简单地说，一般公共预算制度的非中性特征导致了我国公共预算的软约束，税负波动使公共经济难以被私人部门预期，基本建设支出的过多对市场经济的微观结构形成了扭曲性影响，而公共部门过度依赖相机性强的专项转移支付来缓解市场经济的矛盾又进一步对私人部门的资源配置产生了扭曲性的影响。

其他控制变量在上文已有分析，且结论十分稳健，在此不再赘述。

6.3 本章小结

在市场经济中，价格机制在资源配置中起决定性作用是保证帕累托效率实现的必要条件。而在私人经济和公共经济并存的混合经济中，公共部门会通过一般公共预算筹集和使用税收，从而对私人经济的资源配置和收入分配造成影响。所以，要保证市场经济的资源配置效率，就有必要实现一般公共预算制度的确定性约束，以使公共部门的资源配置和收入分配活动对私人经济的有效运行保持中性。

我国一般公共预算制度并不能按照中性原则约束公共部门的行为。一方面，一般公共预算制度约束的软化，导致我国公共部门的税收筹集活动对价格机制造成扭曲。在税种设置不中性、税负确定原则不明确、税种划分不中性的制度安排下，公共部门在筹集税收时造成了较大的不确定性，扭曲了私人部门的资源配置。另一方面，公共预算制度的不中性，导致我国公共部门的税收使用安排对价格机制造成扭曲。不同性质公共商品的支出水平确定没有明确规则加以约束，导致一般公共预算的支出安排中基本建设支出过多；公共部门过度依赖专项转移支付解决市场经济中的矛盾，加剧了支出政策的不确定性，导致了资源配置的效率损失。

通过随机边界分析（SFA），本章实证检验了财税政策不确定性和一般公共预算制度的非中性特征对我国市场经济资源配置效率的影响。结果显示财税政策的不确定性越大，一般公共预算制度安排越不中性，我国市场经济的资源配置效率就越低。这一结论和理论分析是相符的。

第7章 一般公共预算制度、财税政策不确定性与宏观经济稳定

宏观经济稳定是指经济系统中的总需求和该系统中所有资源充分利用的潜在产出水平相等的状态。这一方面有赖于市场经济的价格机制充分发挥作用,另一方面也有赖于公共部门的宏观调控对市场经济进行外生干预。从制度安排上说,宏观调控是通过一般公共预算总量的反周期调整实现的,因此要充分发挥宏观调控的作用,首先就要求一般公共预算制度形成确定性的预算约束,否则,难以保证宏观调控政策的稳定性,反而导致市场经济的波动。

本章主要分析我国一般公共预算制度软约束背景下,财税政策的不确定性对宏观经济稳定的影响。同样,本章也是从机制分析和实证分析两个方面来进行探讨。

7.1 一般公共预算制度下财税政策不确定性对宏观经济稳定影响的机制分析

7.1.1 财税政策不确定性对宏观经济稳定影响机制的经济学分析

宏观经济稳定的理论内涵就是经济系统的总需求和总供给是保持平衡的。

其中，总供给就是经济系统的潜在生产能力，即当该经济系统的所有生产要素都充分利用时可以达到的产出水平。一个经济系统的潜在生产能力是由可以利用的生产要素的数量和质量所决定的。生产要素数量和质量就是该经济系统的要素禀赋，其取决于长期积累。因此，从短期来看，总供给在理论上被假设是保持恒定的。

总需求就是经济系统的需求总量，根据国民收入恒等式，其由消费、投资、政府购买以及净出口四个部分组成。由于经济系统由产品市场和货币市场组成，因此，从理论上说，总需求就是产品市场和货币市场同时均衡时所对应的国内生产总值。在一个简化的内部经济系统中，假设产品市场和货币市场中的各变量的关系可由以下方程表示：

国民收入恒等式：$Y = C+I+G$。

消费：$C = a+b(Y-T)$。

税收：$T = T_0+tY$。

投资：$I = I_0-eR$。

政府购买：$G = G_0$。

货币需求：$L = kY-hR$。

货币供给：$m = M/P$。

根据总需求和总供给相等的条件，就可以求得均衡的国内生产总值：

$$Y^* = \bar{Y} = \frac{h\left[a + I_0 + (G_0 - bT_0)\right]}{h\left[1-b(1-t)\right]+ek} + \frac{dM}{h\left[1-b(1-t)\right]+ek} \cdot \frac{1}{P}$$

在上式中，$\bar{Y}$代表潜在产出水平，在短期内不会变化；除了价格以外的其他内生变量和经济结构有关，在短期内也不能发生变化。因此，当经济系统在受到消费或投资等需求冲击时，要保证总需求和总供给相等，一方面需要依靠价格P来进行调节；另一方面可以通过税收水平T_0、税率t、政府购买支出G_0、名义货币供给量M等外生变量进行对冲。

根据新古典主义理论，市场经济的价格机制可以进行灵活的调整。在某市场潜在产出水平的基础上，假如代表性的企业所生产商品的价格 P_i 高于市场价格 P，那么该企业就会认为扩大生产是理性的；反之，当其所生产商品的价格 P_i 低于市场价格 P，那么该企业就会认为减少生产是理性的。因此该代表性企业的供给函数如下所示：

$$Y_i = \alpha(P_i - P) + \bar{Y}_i$$

同时，该代表性企业对市场价格 P 的认识基于以下两部分因素：其一，是公认的价格信息 $\hat{P}$；其二，是该代表性企业根据自身的经验对公认价格信息进行调整，即 $P_i - \hat{P}$。若设代表性企业对自身经验的依赖程度为 β，那么就有：

$$P^e = \hat{P} + \beta(P_i - \hat{P})$$

式中，P^e 为价格预期。

将上式代入代表性企业的供给函数，可以得到：

$$Y_i = \alpha(1-\beta)(P_i - \hat{P}) + \bar{Y}_i$$

式中，α 为产出对价格预测误差的反应系数。

假设整个经济系统有 N 个企业，对代表性企业的供给函数乘以企业个数 N 就可以得到经济系统的总供给方程：

$$Y = N\alpha(1-\beta)(P - \hat{P}) + \bar{Y}$$

由上式可知，只有当微观企业的预测价格等于实际价格时，经济系统的总产出才会等于潜在产出水平。根据卢卡斯判据，尽管微观企业并不能掌握实际价格的信息，因此其产出决策可能会和潜在产出水平不一致，但其会根据自身所掌握的信息不断纠正自身的决策，从而不会犯系统性错误。

和新古典主义的理论不同，凯恩斯主义理论则认为，价格的变动是存在黏性的，因此当面对需求冲击时，在短期内，经济系统恢复均衡的内生动力并不存在。这可以由图 7-1 反映，图中的纵轴表示价格水平，横轴表示产出水平，AD 和 AS 分别代表经济系统的总需求和总供给曲线。假设初始的总需求曲线

为 AD_0，其和总供给曲线 AS 相交与 E，对应的价格水平为 P_0，对应的产出水平为 $\bar{Y}$，经济系统正好实现均衡。假设来自经济系统的一个需求冲击，使总需求曲线平移至 AD_1，由于价格存在黏性而不能立即调整，因此在短期内总产出为 AD_1 与 P_0 的交点 Y_1，其大于潜在生产水平。只有通过更长时间的调整，价格水平才能上升至 P_1，再次实现经济系统的均衡。但对于经济社会来说，资源长期得不到充分利用既意味着效率的损失，也难以被社会容忍。因此，凯恩斯主义者主张政府改变支出、税收水平以及货币供给，来对冲需求冲击，使总需求回复到 AD_0 水平，以使经济系统在短期内通过人为调整回复到均衡状态。对于凯恩斯主义的结论，新古典主义认为，由于微观企业是理性预期的，政策的因素只能在短期内奏效，而长期内同样会被微观企业预期到而失去效果。但是，不容忽视的是，微观企业的理性预期是理论上的假设，在现实中宏观调控的效果并不能被完全抵消。但新古典主义理论也为宏观调控提供了有益的建议，即公共部门进行需求管理时，应该保证政策的连续性。

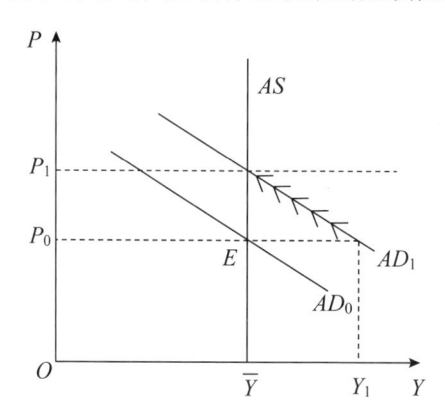

图 7-1 总需求和总供给的均衡变化

综上所述，可以得到以下两个基本结论：

第一，要保证宏观经济稳定，就应该尽量不干预微观企业的理性预期和理性决策，因为微观企业会根据价格机制所反馈的信息自发调整其自身的行为。由于微观企业是理性的，因此其调整并不会导致市场经济的运行出现系性偏差。从这个意义上说,价格机制是市场经济中最基本的内生稳定机制。

第二,要保证市场的稳定发展,就应该精准、有效地发挥公共部门的宏观调控作用,以对冲经济系统的内生冲击。事实上,公共经济的宏观调控包括两个部分:其一是自动稳定器;其二是公共部门的相机抉择政策。自动稳定器是指公共经济制度中存在自我稳定的机制,当市场经济波动时,会自我实现公共经济的逆周期运行。相机抉择则是指公共部门根据其所掌握的经济系统运行的信息,通过调整预算总量的赤字或盈余规模,来进行需求管理。自动稳定器作用实现所依赖的累进税、转移支付等都是一般公共预算的基本内容。这就是说,合理安排一般公共预算制度是发挥宏观调控自动稳定器功能的制度基础。相机抉择政策相对自动稳定器则具有更强的相机性,因此需要一般公共预算制度的约束。按照凯恩斯主义的理论,公共部门的相机抉择政策应该根据经济波动的方向,逆周期调节。但是在公共预算制度不能对公共部门的资源配置和收入分配活动形成确定性的预算约束时,公共部门就可能运用相机抉择政策来实现其他目标,干扰私人经济的运行。这不但导致财税政策呈现出不确定性特征,而且扭曲了价格机制,更加加剧市场经济的波动。因此,明确化一般公共预算制度的预算约束,把宏观调控局限在逆周期的总量控制上,对于充分发挥公共部门相机抉择政策的作用具有十分重要的作用。

7.1.2 中国一般公共预算制度下财税政策不确定性对宏观经济稳定影响的具体机制分析

从我国宏观调控的实际作用来看,自20世纪80年代以来,我国实施了多种财政政策来对宏观经济进行调控,但其效果并不理想。特别是1998年以来,更是开始主动地运用积极财政政策来进行逆周期的需求管理,但是我国经济仍然长期处在"一放就乱、一乱就收、一收就死、一死就放"的恶性循环之中,并且每一次都以行政手段的复出而结束(张馨 等,2007)。

宏观调控失效的重要原因是我国一般公共预算制度安排不合理。首先，一般公共预算制度安排不合理，导致我国公共部门的调控政策带有较强的波动性，从而难以稳定私人部门的预期，影响其有效决策。其次，一般公共预算制度安排不合理，政策缺乏规则性和延续性，累进税和转移支付的作用被扭曲，从而导致我国公共经济的自动稳定功能丧失。最后，当我国市场经济的运行出现问题时，在预算软约束下，公共部门会依赖相机抉择性的财政政策来对私人经济进行刺激，使宏观调控变成了微观调控。从短期来看，公共部门的这一政策可能使奏效的，但从长期来看，公共部门的宏观调控实际上进一步扭曲了市场经济的微观结构。这就是说，我国在宏观调控时没有考虑对微观效率的冲击，因而既丧失其经济稳定的功能，又反而造成了对私人经济的过度干预。

具体而言，第一，我国公共部门过度依赖相机性较强的税收政策来调节微观经济，不利于市场经济的稳定。在一般公共预算制度软约束的条件下，公共部门的相机抉择型税收政策的方向和程度都不是稳定的。税收政策的频繁变动，会使私人经济难以形成稳定的预期，也会使税收政策原本鼓励的行业和部门的经济运行存在波动的风险。如李永友（2006）指出，我国财政政策的转换频率过高，对私人部门带来了较大的不确定性，从而导致了其行为的扭曲，并最终使资源配置效率和社会福利受到损害。

第二，我国公共部门过度依赖相机抉择的支出政策来刺激经济增长，不利于市场经济的稳定。上文的分析已经指出，当一般公共预算制度软约束条件下，在"晋升锦标赛"的激励机制下，地方公共部门的官员为了刺激本地经济的增长，就会将更多的公共资源用于基本建设支出。从总量上看，如果每个地方的公共部门对经济增长形成不当的刺激，在资源存量既定的情况下，就会有可能导致全国实际的经济增长水平高于潜在产出能力，从而使经济运行存在波动风险；从结构上看，地方公共部门的官员刺激本地经济增长是建立在损害私人经济效率的基础之上的，因而会导致经济结构的扭曲，破坏市场经济稳定的微观基础。钱海刚(2009)指出，预算软约束为地方公共部门参与恶性的财政竞争提供了空间，并且导致地方公共部门的恶性竞争愈加剧烈，并最终使得市场分割严重，重复建设过多。

7.2 中国一般公共预算制度下财税政策不确定性对宏观经济稳定影响的实证分析

7.2.1 模型设定：基于动态面板模型

为了检验我国一般公共预算制度对市场经济稳定的影响，构造以下计量经济模型：

$$FLU_{it} = \alpha_0 + \alpha_1 FS_{it} + \alpha_2 X_{it} + \alpha_i + \varepsilon_{it}$$

其中，FLU_{it} 表示第 i 个省第 t 期的市场经济波动情况。FS_{it} 表示财税政策的不确定性指数和一般公共预算制度的非中性特征。X_{it} 为控制变量，由财政分权度、人均国民收入、工业化率、城镇化率、对外开放度、财政体制改革虚拟边框几个指标组成。α_i 表示个体效应，用来控制随地区但不随时间改变的特征，以缓解遗漏变量导致的内生性问题。ε_{it} 为残差项。

在模型选择上，一方面，由于国内生产总值波动与一般公共预算收支之间存在互为因果的内生关系，国内生产总值是经济流量，组成了税基，因此国内生产总值的改变当然也会引起税收及其支出安排的变动。另外，一般公共预算收支规模和相机抉择财政政策之间存在密切的关系(张馨 等，2007)，而相机抉择政策是视经济波动情况采用的，因此，为了克服模型中可能存在的内生性问题，需要在估计过程中控制住这种互为因果的关系。另一方面，国内生产总值波动是动态的。这就是说，波动在时间上是一个连续的过程，上一期的波动程度对下一期的波动程度是存在影响的。基于这种动态考虑，本书选择采用动态面板模型。

7.2.2 数据与估计方法说明

本节的模型中所使用的数据主要源于中国统计年鉴、中国财政年鉴、《新中国60年统计资料汇编》、中国人口和就业统计年鉴、全国地市县财政资料汇编、中经网数据库等。所使用的数据类型是面板数据。截面仍然是包括28个省份。在时间选择上，以变量的数据限制不同而不同。

关于其他指标在前文已多次论述，在此不再赘述。在此需要说明的是，国内生产总值波动是由实际经济增长率的绝对值衡量的。各变量的统计特征如表7-1所示。

表7-1 我国一般公共预算制度对宏观经济稳定影响的数据统计特征

变量	年份区间	均值	标准差	最大值	最小值
国内生产总值波动程度指标	1988—2013年	0.10	0.05	0.32	0.00
一般公共预算收入不确定性	1988—2013年	0.15	0.36	1	0
一般公共预算支出不确定性	1998—2013年	0.26	0.44	1	0
宏观税负变化	1994—2013年	−0.00	0.02	0.26	−0.25
税负波动	1992—2013年	0.11	0.21	2.48	0.00
基本建设支出占预算支出比重	1991—2006年	0.10	0.05	0.30	0.01
专项转移支付占转移支付比重	1999—2009年	0.54	0.17	1.17	0.02
财政收入分权度	1988—2013年	0.48	0.15	0.89	0.25
财政支出分权度	1988—2013年	0.70	0.11	0.93	0.39
人均实际国民收入（元）	1988—2013年	1 718.76	1 688.30	11 823.44	252.03
工业化率	1988—2013年	0.45	0.07	0.67	0.22
城镇化率	1988—2013年	0.35	0.17	0.90	0.12
对外开放度	1988—2013年	0.14	0.18	1.08	0.00

在方法上，本书选用系统GMM进行估计。在估计时，把一般公共预算收支的相关变量、人均收入作为内生变量，控制内生性问题。

第7章 一般公共预算制度、财税政策不确定性与宏观经济稳定

7.2.3 财税政策不确定性对宏观经济波动影响的实证结果分析

下面分析财税政策不确定性对宏观经济波动的影响。为了更加直观地描述这一影响,将二者之间的关系反映在图7-2中。

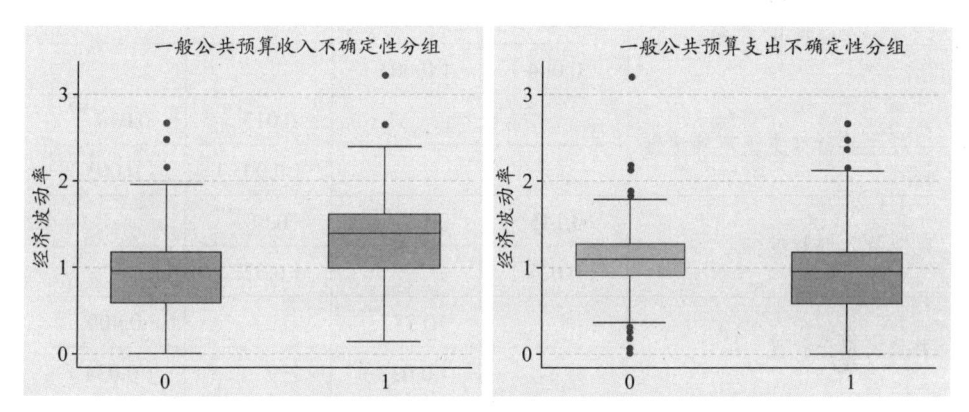

图 7-2 财税政策不确定性对经济波动影响的箱形图

图7-2中左边反映的是一般公共预算收入不确定性对经济波动的影响。从图中不难看出,在一般公共预算收入呈现不确定性特征的样本中(取"1"时),其经济波动率的平均值要明显高于一般公共预算收入呈现确定性特征的样本(取"0"时)。图中右边所反映的是一般公共预算支出不确定性对经济波动的影响。和收入不确定性所呈现出来的规律一样,在一般公共预算支出不确定性的样本中(取"1"时),经济波动率的平均值要明显高于一般公共预算支出呈现确定性特征的样本(取"0"时)。这直观说明了财税政策不确定性和经济波动率之间存在正向关系。

实际的估计结果呈现在表7-2中。下面将对结果分别进行解读。

首先,看财税政策不确定性对国内生产总值波动的影响。表7-2显示,一般公共预算收入不确定和国内生产总值的波动程度之间存在显著的正向关系。对于一般公共预算收入不确定的样本,其国内生产总值的波动程度平均会扩大约0.043个单位。这一结论在1%的显著水平上显著。一般公共预算支出不确定和国内生产总值的波动程度之间也存在显著的正向关系。对于一般公共预算

表 7-2 财税政策不确定性对宏观经济稳定影响的实证结果

经济波动滞后项	0.350***	0.413***	0.452***	0.510***
	(0.025)	(0.024)	(0.029)	(0.023)
一般公共预算收入不确定性	0.043***	0.043***		
	(0.004)	(0.003)		
一般公共预算支出不确定性			0.013***	0.014***
			(0.003)	(0.003)
财政收入分权度	−0.145***		−0.087***	
	(0.023)		(0.022)	
财政支出分权度		−0.377***		−0.400***
		(0.033)		(0.034)
人均国民收入	0.029***	0.063***	0.023***	0.059***
	(0.004)	(0.005)	(0.004)	(0.005)
工业化率	0.112***	0.163***	0.171***	0.226***
	(0.028)	(0.027)	(0.028)	(0.028)
城镇化率	−0.011	−0.024	−0.026	−0.027
	(0.022)	(0.020)	(0.021)	(0.020)
对外开放度	0.096***	0.076***	0.082***	0.063***
	(0.012)	(0.011)	(0.012)	(0.011)
财政体制改革	−0.044***	−0.017***	−0.042***	−0.024***
	(0.005)	(0.003)	(0.005)	(0.003)
常数	−0.107***	−0.199***	−0.123***	−0.182***
	(0.025)	(0.020)	(0.024)	(0.020)
样本量	700	700	700	700
AR(2)	−0.180 2	0.160 9	−0.254 0	0.089 4
	(0.857 0)	(0.872 2)	(0.799 5)	(0.928 7)
SARGAN 检验	27.720 5	26.185 4	27.517 0	26.506 9
	(1.000 0)	(1.000 0)	(1.000 0)	(1.000 0)

支出不确定的样本，国内生产总值的波动程度平均会扩大约0.014个单位。这一结论同样也在1%的显著水平上显著。这一系列的结果都说明，一般公共预算制度如果不能有效地约束公共部门的经济活动，就会导致国内生产总值出现波动。其主要原因在前文已有论述，是因为在公共预算制度不确定的条件下，财税政策呈现较大的相机抉择特征，这导致政策的不确定。财税政策的波动不但破坏了市场主体的理性预期，而且对经济系统本身造成冲击。

其次，从其他控制变量来看，国内生产总值波动滞后项都和当前项显著正相关，且在1%的置信水平上显著。这说明国内生产总值波动确实是动态的。在财政分权度方面，无论是财政收入分权度还是财政支出分权度都和经济波动指标之间存在显著负向关系，且在1%的置信水平上显著。对于人均国民收入来说，结果显示，人均国民收入越高的省区，其经济波动的幅度越大，这一结论在1%的置信水平上显著。从工业化率上来看，工业化率越高的省区，其市场经济波动的程度越大，且这一结论在1%的置信水平上显著。对于城镇化率来说，本节的模型显示其和经济波动之间的关系并不显著。关于对外开放度，结果显示，对外开放程度越高，市场波动程度越大，其结论在1%的置信水平上显著。从财政体制改革来看，财政体制改革有效地抑制了我国宏观经济的波动，且结论在1%的置信水平上显著。以上估计结果总体表明：在我国，经济越发达的地区，其市场经济波动的程度越大。而财政分权度和1994年财政体制改革在一定程度上降低了宏观经济波动的风险。

7.2.4 一般公共预算制度非中性特征对宏观经济波动影响的分析

接下来将分析一般公共预算制度非中性特种对宏观经济波动的影响。其相关散点图如图7-3所示。从图中可以看出宏观税负变化与专项转移支付占转移支付比重两个指标和经济波动之间存在负相关关系，而税负波动与基本建设支出占公共预算支出比重两个指标和经济波动之间存在正相关关系。当然，图中的拟合线是混合回归的拟合线,并没有考虑省份之间的异质性,因此具体的分析还要通过实证检验模型来进行。

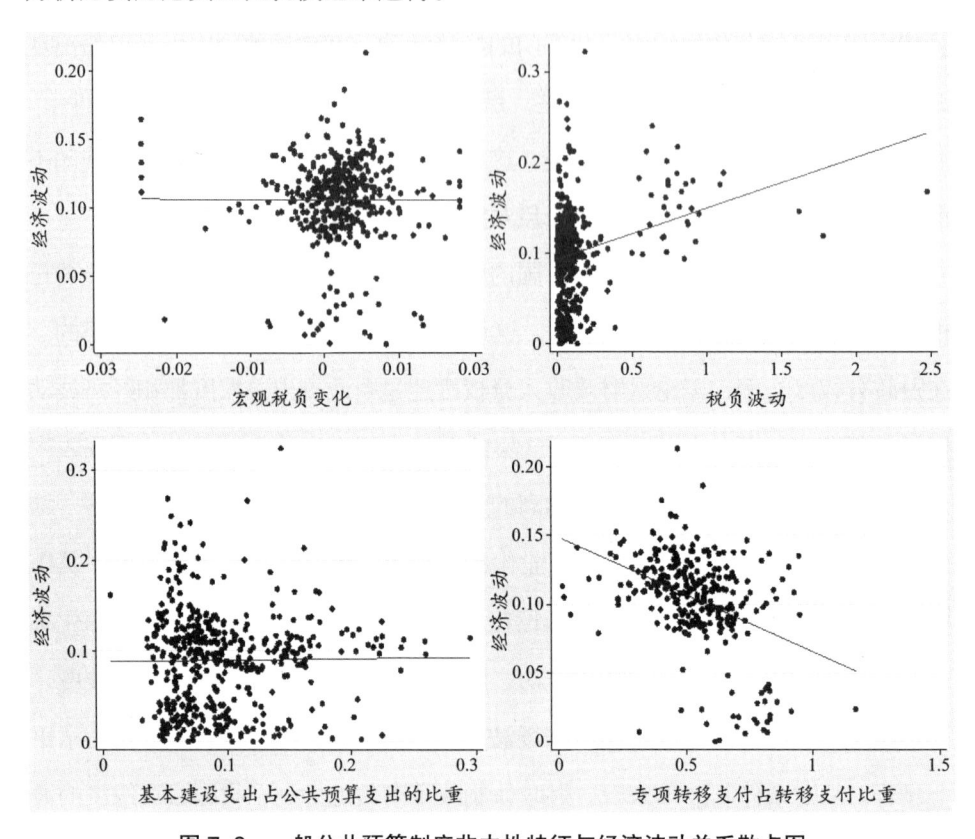

图 7-3 一般公共预算制度非中性特征与经济波动关系散点图

一般公共预算制度非中性特征对宏观经济稳定影响的实证结果反映在表7-3中。从表中不难看出各非中性特征变量对宏观经济稳定所产生的效应。首先看宏观税负变化对宏观经济稳定的影响,结果显示宏观税负增加越多,反而有利于经济的稳定。宏观税负每增加1%,经济波动程度会降低0.717个单位,并且在1%的置信水平上显著。这在一定程度上反映了我国1994年税制改革和分税制改革后,税收的总量调节政策起到了一定的平抑经济波动的效果。其次看税负波动对宏观经济稳定的影响。从结果可以看出,我国宏观税负的波动特

第7章 一般公共预算制度、财税政策不确定性与宏观经济稳定

征不利于宏观经济的稳定。税负波动每增加1个单位，会导致经济波动随之增加0.026个单位，结论在1%的置信水平上显著。再次看基本建设支出占公共预算支出比重对宏观经济稳定的影响，结果显示，我国基本建设支出占公共预算支出比重增加将导致经济波动的加剧。基本建设支出占公共预算支出比重每增加1%，会导致经济波动增加0.214个单位，结论在1%的置信水平上显著。最后看专项转移支付占转移支付比重对宏观经济波动的影响，从结果可知，专项转移支付占转移支付比重增加对经济波动具有抑制作用，但结果并不显著。以上实证结果为上文所述的我国一般公共预算制度非中性特征加剧经济波动的推论提供了一定的支持。

表7-3 一般公共预算制度非中性特征对宏观经济稳定影响的实证结果

	(1)	(2)	(3)	(4)
经济波动滞后项	0.439***	0.457***	0.657***	0.275***
	(0.022)	(0.021)	(0.032)	(0.025)
宏观税负变化	−0.717***			
	(0.138)			
税负波动		0.026***		
		(0.005)		
基本建设支出占公共预算支出比重			0.214***	
			(0.058)	
专项转移支付占转移支付比重				−0.010
				(0.007)
财政分权度	−0.286***	−0.267***	−0.427***	−0.034
	(0.016)	(0.020)	(0.055)	(0.029)
人均国民收入	0.024***	0.015***	0.067***	−0.003***
	(0.003)	(0.004)	(0.011)	(0.005)
工业化率	−0.005	0.060**	0.167***	0.190***
	(0.023)	(0.027)	(0.062)	(0.023)

表 7-3（续）

城镇化率	0.055***	0.069***	0.051	0.031
	（0.015）	（0.019）	（0.049）	（0.023）
对外开放度	0.096***	0.096***	−0.050*	0.011***
	（0.012）	（0.011）	（0.027）	（0.010）
财政体制改革		−0.175***	−0.082***	
		（0.006）	（0.006）	
常数	−0.032*	−0.166***	−0.169***	0.037*
	（0.018）	（0.024）	（0.053）	（0.019）
样本量	532	588	420	280
AR（2）	0.830 9	−0.939 2	1.376 1	−1.926 9
	（0.406 0）	（0.347 6）	（0.168 8）	（0.054）
SARGAN 检验	27.600 9	27.292 6	27.639 2	24.769 8
	（1.000 0）	（1.000 0）	（1.000 0）	（1.000 0）

从其他控制变量来看，国内生产总值波动滞后项都和当前项在1%的置信水平上有显著正向关系，验证了国内生产总值波动的动态假设，因此采用动态面板模型进行估计是有其合理性的。财政分权度方面和经济波动指标之间存在显著负向关系，且大部分在1%的置信水平上显著。大部分模型验证了人均国民收入和经济波动的显著正向关系，且结论在1%的置信水平上显著。工业化率和经济波动的程度基本存在显著的正向关系，结论至少在5%的置信水平上显著。对于城镇化率来说，部分模型认为其和经济波动之间存在显著的正向关系，且结论在1%的置信水平上显著。大部分模型支持对外开放程度和市场波动程度存在显著的正向关系，其结论在1%的置信水平上显著。财政体制改革对我国宏观经济起到了一定的稳定效应，且结论在1%的置信水平上显著。

7.3 中国一般公共预算制度下财税政策不确定性对宏观经济稳定影响的脉冲响应分析

上一节通过动态面板模型验证了我国财税政策不确定性和一般公共预算制度的非中性特征对市场经济波动的影响,本节将基于面板向量自回归模型(VAR)来分析一般公共预算制度特征对宏观经济稳定冲击的持续效应。

7.3.1 模型设定：基于面板 VAR 模型

面板 VAR 模型是向量自回归模型(VAR)在面板模型中的运用,最早由 Holtz-Eakin 等(1988)引入。面板 VAR 模型和传统的 VAR 模型的重要区别在于引入了面板数据中不同个体的异质性。VAR 模型把所有的变量都视为内生变量。在本书的模型中,尽管一般公共预算制度是安排是外生的,但一般公共预算制度对经济系统的影响是通过公共部门经济行为实现的,而后者是内生于经济系统的,因此适用于面板 VAR 的分析方法。

本节的模型设定如下：

$$z_{it} = \Gamma_0 + \Gamma_1 z_{it-1} + \alpha_i + \varepsilon_{it}$$

其中,z_{it} 是向量,包括一般公共预算制度的特征变量、经济波动率和其他内生变量；z_{it-1} 是包含所有内生变量滞后项的向量；Γ 为参数向量。由于该模型既包括反映地区异质性的个体效应,又包括变量的滞后项,因此本质上仍然是动态面板模型。所以可以先采用前向均值差分法消除模型存在的个体效应,然后利用广义矩估计法进行估计。

为了分析脉冲响应函数,需要对其置信区间进行估计。由于脉冲响应函数的矩阵由 VAR 模型的估计系数组成,因此需要对其标准误进行考虑。本书采用蒙托卡罗模拟(Monte Carlo simulation)的方法计算脉冲响应函数的标准误及其置信区间。

7.3.2 财税政策不确定性对宏观经济波动影响的脉冲响应分析

财税政策不确定性对经济波动影响的面板 VAR 实证结果如表 7-4 所示。首先，从表中可以看出，经济波动的一阶滞后项和二阶滞后项对于一般公共预算收支的不确定性都具有显著的影响，同时一般公共预算收支的一阶滞后项和二阶滞后项对经济波动也具有显著的影响。这为它们之间的内生关系提供了支撑，也佐证了我们运用面板 VAR 模型的合理性。

表 7-4 财税政策不确定性对经济波动影响的面板 VAR 实证结果

一般公共预算支出不确定性		
一般公共预算支出不确定一阶滞后项	0.201***	（4.54）
一般公共预算收入不确定一阶滞后项	−0.053	（−1.02）
人均国民收入一阶滞后项	0.268	（0.56）
经济波动一阶滞后项	1.91***	（2.86）
一般公共预算支出不确定二阶滞后项	−0.015	（−0.37）
一般公共预算收入不确定二阶滞后项	−0.045	（−0.91）
人均国民收入二阶滞后项	−0.277	（−0.63）
经济波动二阶滞后项	−1.882***	（−4.30）
一般公共预算收入不确定性		
一般公共预算支出不确定一阶滞后项	−0.069**	（−2.02）
一般公共预算收入不确定一阶滞后项	0.118**	（2.52）
人均国民收入一阶滞后项	−0.275	（−0.46）
经济波动一阶滞后项	3.265***	（4.52）
一般公共预算支出不确定二阶滞后项	−0.020	（−0.59）
一般公共预算收入不确定二阶滞后项	0.048	（1.00）
人均国民收入二阶滞后项	0.186	（0.34）
经济波动二阶滞后项	−2.458***	（−6.65）

第7章 一般公共预算制度、财税政策不确定性与宏观经济稳定

表7-4（续）

人均国民收入		
一般公共预算支出不确定一阶滞后项	0.014***	（3.40）
一般公共预算收入不确定一阶滞后项	−0.005	（−0.91）
人均国民收入一阶滞后项	1.242***	（9.03）
经济波动一阶滞后项	0.478***	（3.00）
一般公共预算支出不确定二阶滞后项	0.021***	（4.90）
一般公共预算收入不确定二阶滞后项	0.000	（0.07）
人均国民收入二阶滞后项	−0.298**	（−2.38）
经济波动二阶滞后项	−0.195***	（−3.06）
经济波动		
一般公共预算支出不确定一阶滞后项	0.007**	（2.28）
一般公共预算收入不确定一阶滞后项	0.01**	（2.55）
人均国民收入一阶滞后项	0.13*	（1.74）
经济波动一阶滞后项	0.498***	（5.30）
一般公共预算支出不确定二阶滞后项	0.009**	（2.57）
一般公共预算收入不确定二阶滞后项	0.012*	（1.81）
人均国民收入二阶滞后项	−0.108	（−1.59）
经济波动二阶滞后项	−0.314***	（−5.96）

从一般预算收支不确定性对经济波动的影响来看，一般公共预算支出不确定的一阶滞后项和二阶滞后项都对经济波动造成了冲击，且在5%的置信水平上显著。同样，一般公共预算收入不确定的一阶滞后项和二阶滞后项都对经济波动影响也是正向的，前者在5%的置信水平上显著，后者在10%的水平上显著。这不但说明了本章第二节模型结论的稳健性，而且还意味着我国财税政策的不确定特征对经济波动的影响是持续性的。

图7-4反映以上模型各内生变量的脉冲响应图。在此主要关注一般公共预

算收支不确定性对经济波动的冲击效应。

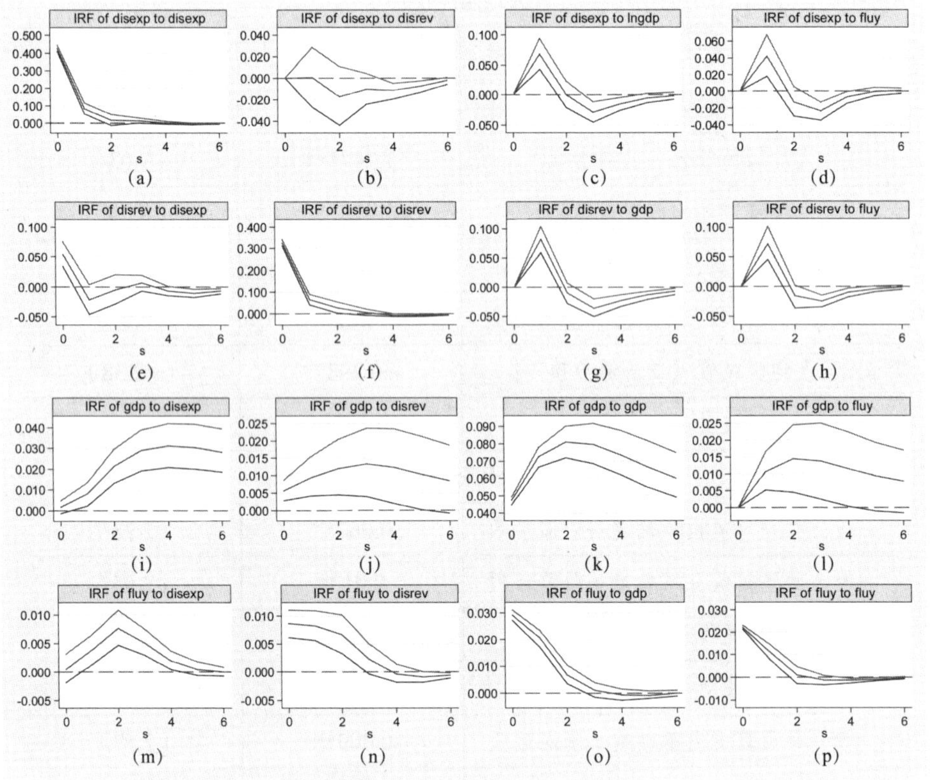

注：图中边界为1 000次蒙特卡洛模拟下95%的置信区间。

图7-4 财税政策不确定性和经济波动关系模型的脉冲响应图

图7-4（m）反映了一般公共预算支出不确定性对经济波动的脉冲响应。不难直观地看出，预算支出不确定性对经济波动造成了持续的冲击，直到第2期这一冲击才开始递减，到第6期，这一冲击才消失，并且一直到第4期，这一冲击效应在5%的置信水平上都是显著的。图7-4（n）反映了一般公共预算收入不确定性对经济波动的脉冲响应。可以看出，预算收入不确定性对经济波动的冲击同样是持续性的，但和预算支出不确定性的冲击路径不同，来自预算收入不确定性的冲击在第1期最大，然后逐渐递减。冲击一直持续到第4期才消失，在第3期及其以前，预算收入不确定性的冲击在5%的水平上都是显著的。

以上结论说明了我国财税政策不确定对经济波动的影响并非是短期的,而是在一个较长时期都会产生消极影响。

7.3.3 一般公共预算制度非中性特征对宏观经济波动影响的脉冲响应分析

一般公共预算制度非中性特征对经济波动影响的面板 VAR 实证结果如表 7-5 所示。在此主要分析一般公共预算收支非中性特征对经济波动的冲击效应。

表 7-5 一般公共预算制度非中性特征和经济波动关系模型的面板 VAR 实证结果

宏观税负变化			税负波动		
宏观税负变化一阶滞后项	−0.286*	(−1.65)	税负波动一阶滞后项	0.084	(0.77)
经济波动一阶滞后项	−0.34*	(−1.86)	经济波动一阶滞后项	4.227***	(5.68)
经济波动			经济波动		
宏观税负变化一阶滞后项	−1.139**	(−2.00)	税负波动一阶滞后项	0.009	(1.64)
经济波动一阶滞后项	−0.853	(−1.38)	经济波动一阶滞后项	0.444***	(4.35)
基本建设支出占预算支出比重			专项转移支付占转移支付比重		
基本建设支出占预算支出比重一阶滞后项	1.095***	(4.00)	专项转移支付占转移支付比重一阶滞后项	0.111	(0.22)
经济波动一阶滞后项	−0.01	(−0.15)	经济波动一阶滞后项	−2.271	(−1.10)
基本建设支出占预算支出比重一阶滞后项	0.537	(1.18)	专项转移支付占转移支付比重一阶滞后项	0.01	(0.15)
经济波动一阶滞后项	0.619***	(6.70)	经济波动一阶滞后项	0.44	(1.62)

首先,从宏观税负变化对经济波动的影响来看,宏观税负变化的一阶滞后项对经济波动具有显著的抑制效应,并且在 5% 的水平上显著;其次,从税负波动一阶滞后项对经济波动的影响来看,税负波动一阶滞后项对经济波动具有正向的冲击效应;再次,从基本建设支出占预算支出比重对经济波动的影响来看,基本建设支出占预算支出比重一阶滞后项对经济波动具有显著的正向冲

击效应；最后，从专项转移支付占转移支付比重对经济波动的影响来看，专项转移支付占转移支付比重一阶滞后项对经济波动具有正向的冲击效应。

更具体地，可以从一般公共预算制度非中性特征和经济波动关系模型的脉冲响应图来看，如图7-5所示。

图7-5（a）的第3个小图反映的是宏观税负变化对经济波动的脉冲响应。从图中可以看出，宏观税负增加对经济波动的冲击接近于零，且并不显著。这说明并不存在宏观税负变化对经济波动的长期冲击效应。

图7-5（b）的第3个小图反映的是税负波动对经济波动的脉冲响应。从图中不难看出，税负波动对经济波动具有较强的持续性冲击。这一冲击在第1期达到最大，随后一直递减，直到第6期逐渐消失。并且在第4期之前税负波动的冲击都在5%的水平上显著。这意味着税负波动对经济波动具有长期冲击的效应。

图7-5（c）的第3个小图反映的是基本建设支出占预算支出比重对经济波动的脉冲响应。从图中可以看出，基本建设支出占预算支出对经济波动的冲击呈现微弱递增的态势。这说明我国基本建设性支出占预算支出比重对经济波动具有长期冲击的效应。

图7-5（d）的第3个小图反映的是专项转移支付占转移支付比重对经济波动的脉冲响应。从图中不难看出，专项转移支付占转移支付比重对经济波动的冲击接近于零，并且在统计上也并显著。

以上结论说明，在我国一般公共预算制度不能保证公共部门经济活动中性的背景下，特别是税负波动和建设性支出比重过大的特征对经济产生了持续性的冲击，导致我国经济系统出现长期波动的态势。

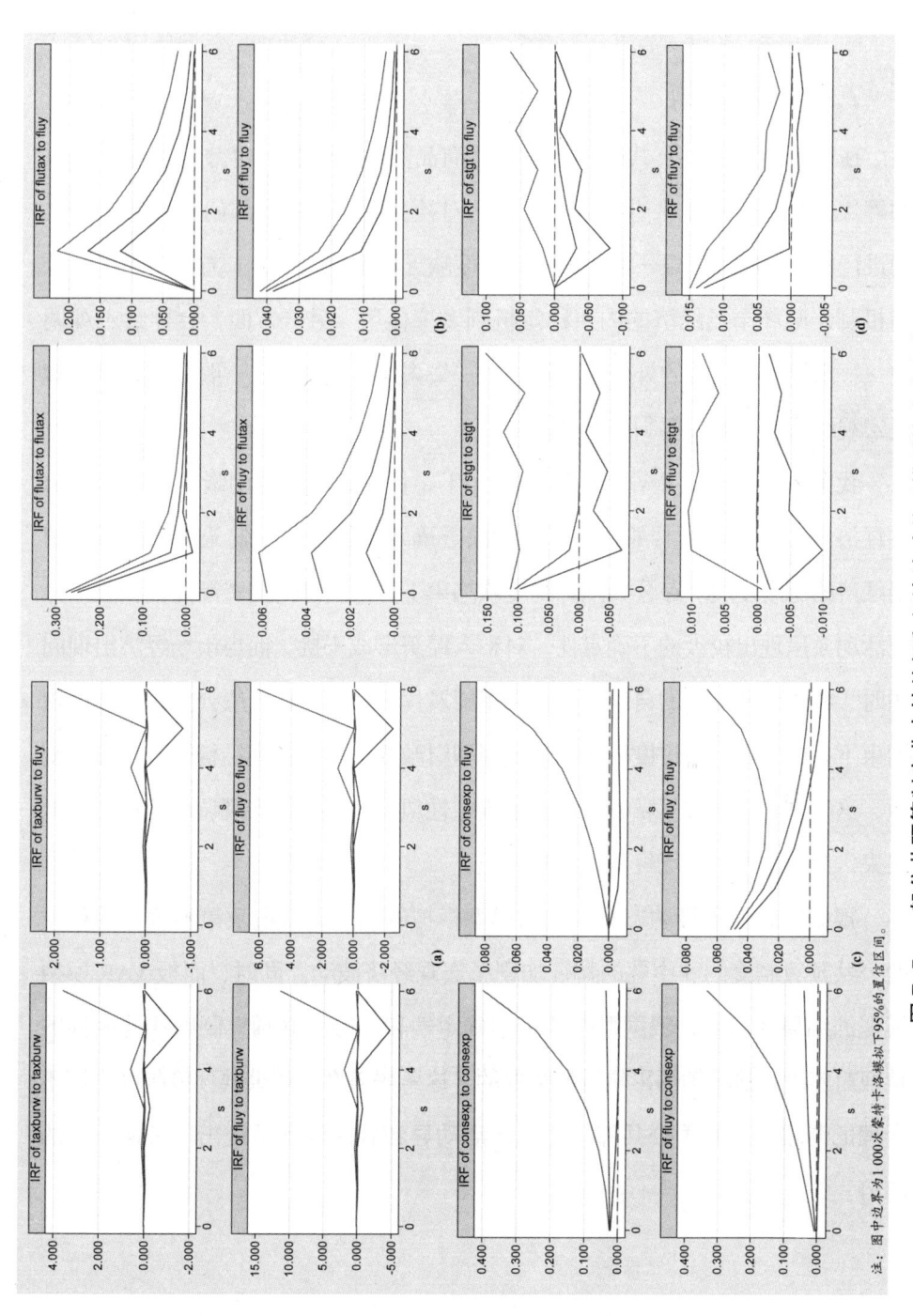

图 7-5 一般公共预算制度非中性特征和经济波动关系模型的脉冲响应图

注：图中边界为1 000次蒙特卡洛模拟下95%的置信区间。

7.4 本章小结

在市场经济中，公共部门从事公共商品的供给和收入再分配是通过税收的筹集及其支出安排来进行的。税收会对社会资源在私人部门和公共部门之间进行分配。所以如果一般公共预算制度缺乏确定性约束，一方面，会扭曲价格机制，破坏市场经济的内生稳定机制发挥作用。另一方面，会导致宏观调控——市场经济重要的外生稳定机制——失去作用。所以，一般公共预算制度是宏观经济稳定的重要制度保障。

我国的一般公共预算制度由于设计不中性，因此无法明晰私人经济和公共经济的边界，对公共部门经济活动缺乏确定性约束。这就无法保证我国市场经济的稳定发展。在公共预算制度软约束下，公共部门的资源配置和收入分配活动会呈现出较大的不确定性，对私人经济形成干扰。而当市场经济出现问题时，我国公共经济的自动稳定机制不能发挥其作用；在一般公共预算制度软约束下，公共部门会过度依赖相机抉择型财政政策来对微观结构进行调控和刺激，这又进一步导致了私人经济的不确定性风险，不但使宏观调控的稳定职能丧失，而且加剧了市场经济的波动风险。

根据以我国省级动态面板数据模型模拟的结果，财税政策不确定性和一般公共预算制度的非中性的特征加剧了宏观经济波动。同时，面板 VAR 模型模拟的结果还显示，我国财税政策不确定性和一般公共预算制度的非中性的特征对宏观经济波动的影响是持续性的。这意味着在一般公共预算制度安排不合理的背景下，我国公共部门的经济活动导致我国经济系统出现长期波动的态势。

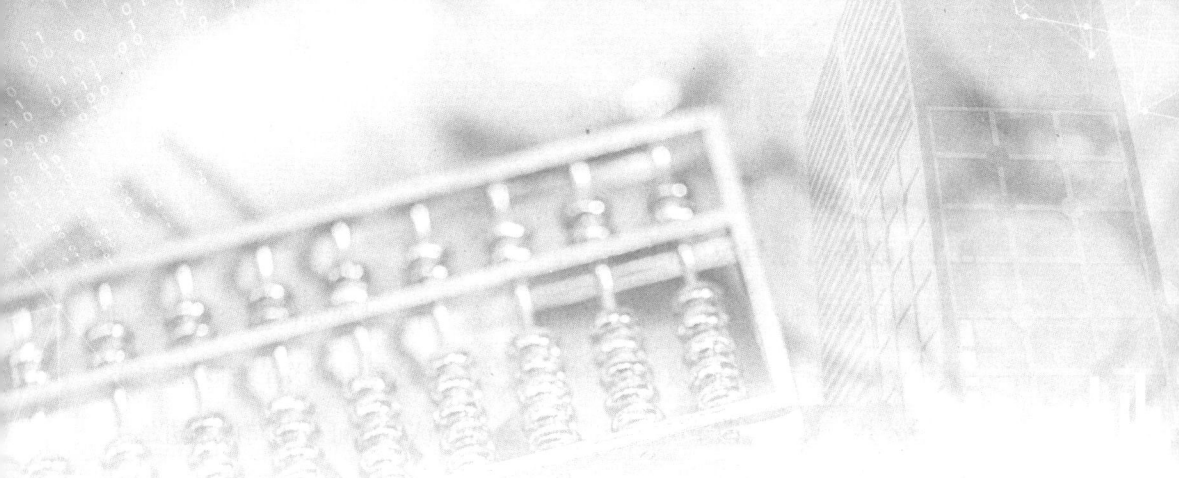

第8章 对我国一般公共预算制度的改革建议

在市场经济中,一般公共预算制度的安排关系到公共经济的规范运行,关系到市场经济的有效、稳定发展。但是,从我国的实际情况来看,现行一般公共预算制度尚无法对公共部门的经济活动形成确定性的约束,难以对私人经济和公共经济的边界进行清晰的界定。其后果是,一方面,公共部门在履行资源配置和收入分配的微观职能时,由于其税收筹集和支出安排的不确定会对价格机制造成扭曲性的影响,因而影响到我国私人部门的有效决策,导致市场经济资源配置损失效率;另一方面,由于不能提供有效的微观制度约束,而使得公共部门履行宏观调控职能时,过度依赖调控政策,这不但导致了宏观调控稳定职能的失效,还进一步使微观经济结构紊乱,使我国市场经济的运行更加难以稳定。因此,在经济体制改革不断深化的进程中,为了保障我国社会主义市场经济有序、健康发展,按照科学的公共经济理论和市场经济的基本要求来完善我国一般公共预算制度就显得十分关键。

本章的主要任务是对我国一般公共预算制度安排的完善提出相关的政策建议。具体来说,包括改革目标和突破口以及改革路径几个方面的内容。

8.1 改革目标与突破口

要探讨我国一般公共预算制度的改革路径,首先就要回答两个基本的问题:第一,一般公共预算制度改革的目标是什么——这是明确改革方向的基础;第二,一般公共预算制度改革的突破口是什么——这是保证改革有序推进的关键。本节主要就这两个问题展开讨论。

8.1.1 改革目标

一般公共预算制度是约束公共部门参与资源配置活动和收入分配活动的基本制度,也是界定公共经济和私人经济边界的核心制度。

根据市场经济理论,价格机制是从事资源配置和收入分配最有效的机制。这主要是因为在消费者和生产者的理性决策下,价格机制可以充分反映消费者的个人偏好以及资源使用的机会成本,并且保证消费者的边际效用和资源使用的边际成本相等。从资源配置的角度来看,这就意味着稀缺资源的配置处于这样一种状态:消费者为了获得某单位商品所愿意放弃的其他商品数量正好等于生产者生产该单位商品所必需放弃的其他商品的数量;从收入分配的角度来看,这就意味着生产要素所有者所获得的边际收入等于其边际产值,即生产要素所有者所获得的收入份额是按照其所有的生产要素对社会的贡献份额来确定的。价格机制运行的这一基本原理就决定了价格机制是市场经济中资源配置和收入分配的决定性机制,私人经济就应该在市场经济中发挥决定性的作用。

当价格机制不能发挥作用时,就需要公共部门代替私人部门进行资源配置和收入分配。具体来说,就是对公共商品进行供给以及在私人经济初次分配的基础上进行适度的收入再分配。但是,私人经济的决定性地位就决定了公共经济应该和私人经济是相容的,即公共经济的资源配置和收入分配应该建立在私人经济有效运行的基础之上。除了资源配置和收入分配的微观职能之外,公共部门还需要进行宏观调控。尽管宏观调控是总量调节，但宏观调控具体是通过公共部门的资源配置和收入分配来实现的，所以，宏观调控的有效和有度仍然以公共经济的微观安排为基础。如果公共经济的微观结构不合理，宏观调控就会成为微观调控，宏观政策就会成为公共部门干扰私人经济运行的工具。

所以，按照市场经济的基本要求，一般公共预算制度应该对公共部门的资源配置和收入分配活动形成确定性的约束，以保证公共经济和私人经济的边界是明确的，公共部门履行其职能以不干扰私人经济的有效运行为前提。

我国现行的一般公共预算制度尽管在形式上是按照市场经济的要求来构建的，但是在实质上仍然存在软约束的问题，使得我国公共经济对私人经济产生了非中性影响。这就导致我国私人经济的运行失去效率，宏观调控的作用被扭曲。正是在这样的背景下，党的十八届三中全会通过的《中共中央关于全面深化改革若干重大问题的决定》，其中提出："经济体制改革是全面深化改革的重点，核心问题是处理好政府和市场的关系，使市场在资源配置中起决定性作用和更好发挥政府作用。市场决定资源配置是市场经济的一般规律，健全社会主义市场经济体制必须遵循这条规律，着力解决市场体系不完善、政府干预过多和监管不到位问题。"这就要求我国的一般公共预算制度应该根据以下目标来设计：公共预算约束确定化和公共预算中性。

公共预算约束确定化就是要求在对我国公共预算制度进行改革时，对公共预算的收入来源和支出方向都进行明确的规定，并且，要在收支之间建立相应的约束机制。

由于公共预算主要涉及税收的筹集和分配，因此，公共预算中性就是要按照中性原则来构建公共预算的约束机制，以保证公共经济的资源配置和收入分配活动不会对私人经济形成扭曲性的影响。如前所述，公共预算中性具体包括税收中性、预算中性、分税中性和转移支付中性。

综上所述，一般公共预算制度的改革目标就是按公共预算中性的要求来形成我国公共预算确定性的约束力。具体而言，就是要分别按照税收中性、预算中性、分税中性和转移支付中性来构建我国的税制、分税和转移支付制度。

8.1.2 改革突破口

一般公共预算制度的改革不是一蹴而就的，其需要顶层设计，逐步推进。这就需要对改革的突破口有明确的认识。

事实上，要对一般公共预算制度的改革路径有一个宏观的把握，就要明确税收中性、预算中性、分税中性和转移支付中性几个设计原则之间的关系。

首先，税收中性和预算中性是总体上保证公共预算中性的基础。如前所述，公共预算具体就是通过税收的筹集和分配来实现的，而这些活动总体上受到税种设置和税负设计的约束。所以，税制来是公共预算制度的基础。从这个意义上说，按照税收中性和预算中性原则来进行税种设置和税负设计就可以从总体上明确公共预算和私人经济之间的边界。

其次，分税中性和转移支付中性是在公共预算结构上实现税收中性的保障。在现实的制度安排中，为了保证公共部门能有效行使其职能，还需要将公共预算中所涵盖的事权在不同级次的公共部门之间进行划分。要对公共预算事权进行划分，就需要对财力进行相应的配置。这就涉及税种的划分和转移支付的问题。具体来看，一方面，税种的划分要充分考虑对不同性质税种进行不同的划分可能会对公共预算中性所带来的影响。因此，就需要根据税收中性的原则来进行"分税"，即分税中性。从这个角度来看，分税中性是建立在税收中性基础之上的。如果税收不中性，那么分税中性也就无从谈起。另一方面，分税中性由于考虑了税种性质，因此并不能完全保证各级公共部门的财力和事权相匹配。除此之外，公共预算还需要考虑公共劳务均等化和地方公共商品外溢性内部化要求。这就需要转移支付在税种划分的基础之上，对财力进行进一步的分配。所以，为了保证公共预算中性，还需要按照税收中性的要求来设计转移支付制度，即转移支付中性。所以说，转移中性又是建立在税收中性和分税中性基础之上的。

由以上分析不难看出，税收中性、预算中性、分税中性和转移支付中性是一个有机统一的整体。但是四者在逻辑上并不是并列的关系，而是先行后续的关系。税收中性和预算中性是分税中性的基础和前提，分税中性是转移支付的基础和前提。这是由公共预算制度的客观结构所决定的。这一关系也决定了公共预算制度改革的路径，即基于税收中性和预算中性的税制改革是公共预算制度改革的突破口。在税制改革的基础之上，再分别基于分税中性和转移支付中性循序渐进地推动分税安排的改革和转移支付制度改革。

8.2 改革路径

在上一节中，根据市场经济的基本要求明确了我国一般公共预算制度改革的目标，并且按照税收中性、预算中性、分税中性和转移支付中性的逻辑关系明确了改革的突破口和路径。在本节中，将分别对税制改革、分税安排改革和转移支付制度改革提出具体的政策建议。

8.2.1 基于税收中性和预算中性的税制改革

如上所述，按照税收中性和预算中性原则安排税收制度是我国一般公共预算制度改革的基础和突破口。但是，从我国现行税制来看，与税收中性和预算中性的要求还存在很大的差距。具体来说包括以下几个方面的不足：首先，一般税的设置不中性。我国的商品劳务一般税和生产要素一般税都由两个税种组成，并且，其内部各税种的税制安排目标多元化，使其税基具有较强的选择性。这都导致我国一般税难以均衡税负。其次，特种税的设置不中性。我国特种税的调节性质强，并不是完全按照税收中性的要求来进行设置的。这就导致特种税的边界不明确，形成大量的重复征税。再次，税负设计不中性。我国公共预算制度没有按照预算中性原则将不同性质的公共商品和不同性质税种对应起来形成收支约束机制，这使得我国的税负设计缺乏明确的理论指导，不利于税负的稳定。这就需要从一般税设置、特种税设置和税负设计几个方面来对我国税制进行调整。

在税收制度内部，不同税种之间也存在明显的层次性。其中，一般税是中性税制的基础。但经济情况的复杂性决定了一般税不能完全保证税收中性和预算中性的实现。这就要求在一般税的基础之上，根据特种公共商品的需求和负外部性设置特种税，作为中性税制的补充。所以在税制改革中，也存在先行后续的关系，即一般税改革是税制改革的基础和突破口。

8.2.1.1 统一一般税的税种设置

在前述章节已有介绍，我国目前的商品劳务一般税和生产要素一般税都由两个税种组成。其中，商品劳务一般税包括增值税和营业税；生产要素一般税包括企业所得税和个人所得税。这就导致了我国一般税的税负难以均衡。

按照税收中性的原则，一般税的设置应该符合以下几个基本要求：其一，是税基选择要全。如果对于同样性质的税基，某些征税，某些不征税，就会导致公共部门在筹集一般税收入时，对资源使用的机会成本造成改变，从而扭曲私人部门的理性决策。其二，是税负要均衡。这就是说对于相同性质的税基，一般税的税负也应该是相同的。如果税负不均衡同样会改变资源使用的机会成本，影响私人经济的资源配置和收入分配活动。其三，征税成本要低。税收的征税成本不仅包括直接成本，也包括间接成本。这就要求纳税环节的确定、征税方式的选择等都应该尽可能的简化。

具体来说，在我国的商品劳务一般税设置方面，应该对营业税和增值税进行有效的整合。当前我国正在进行"营改增"的试点，总的来说把营业税改为增值税是降低税负的。其改革的初衷似乎也是为了促进服务业的发展。但是，本书认为，以鼓励某个产业发展为出发点来改革税制的出发点是不利于中性的。"营改增"的真正意义在于把商品劳务一般税由两个税种改为一个税种，使我国的商品劳务一般税更加符合税收中性的原则。但是，从理论上说，一般税应该在全国统一执行。对一般税搞试点，意味着不试点地区和部门的税负仍然相对较重，显然这是和税收中性原则是相悖的。因此，进一步推进"营改增"，最终实现营业税改征增值税应该是商品劳务一般税改革的最终目标。

在商品劳务一般税的内部，我国增值税制度的设计阻碍了内控机制发挥作用，不利于真正发挥出增值税均衡税负的作用。严格来说，我国的增值税并不是一个税种。例如，我国实行的是生产型增值税，对于企业购买资本品的行为实行区别的税率政策；我国的增值税区分小规模纳税人和一般纳税人，对小规模纳税人和一般纳税人按不同的税率征税（吴俊培 等，2014）。我国增值税的这些特征使其具有税基窄、税负不均、征税成本高的特点。事实上，广税基和均衡的税负是增值税内控机制充分发挥作用的基础，因为狭窄的税基阻碍了扣税的连续性，而复杂的税率结构会增加增值税征税、扣税的制度成本。所以，简化增值税制度，激活增值税内控机制的作用是商品劳务一般税改革的题中之意。

在生产要素一般税设置方面，从原则上，对企业所得税和个人所得税进行整合也是税收中性的基本要求，也是西方市场经济国家的普遍做法。但是，这在我国有其特殊的难度。那就是，西方市场经济国家是以私有制为基础的，因此对于各种生产要素收入来说都可以拆分到个人。对于生产要素收入也不区分收入的性质，统一汇总核定"个人"的全年所得。而我国是社会主义市场经济体制，在所有制结构上以公有制为基础，因此存在较多的国有和集体所有的生产要素，在这一特殊的所有制结构下，将生产要素一般税区分为企业所得税和个人所得税反而更有利于贯彻税收中性原则。但是，这只是保证生产要素一般税设置中性的必要而非充分条件。生产要素一般税设置的另外一个重要方面就如何在不同税种间设置税负，从均衡税负的角度将两个性质相同的税种统一起来。这一方面需要先厘清我国所有制结构下的分配关系，另一方面需要和国有资本经营预算统一起来进行考虑。

同时，需要强调的是，生产要素一般税和商品劳务一般税相比，在税率结构上存在不同的特点。商品劳务一般税通常设置单一税种是符合税收中性要求的，而生产要素一般税通常推行累进税率。单从形式上看，生产要素一般税的累进税率结构似乎是不利于税收中性的，但实质上，对生产要素一般税课征累进税实际上是有利于保证税收中性的。这主要是因为生产要素一般税的税基是居民的收入，而居民的收入是可以衡量其在公共部门所提供的一般公共商品中的受益程度，多受益者多付费是税收中性的基本要求，所以，对高收入者和低收入者有差别地课征生产要素一般税可以更好地体现税收中性的原则。但是，累进税和税收中性之间并非简单的单调关系。因为累进税确实会造成纳税人在闲暇和工作之间进行替代。这就涉及如何设计生产要素一般税的累进税率结构的问题。从理论上说，应该根据不同收入阶层对一般公共商品的受益程度来确定累进税率结构。但是，由于消费者对公共商品的偏好表达是不充分的，因此，在现实中，只能根据经验进行大致测定，并依此来确定生产要素一般税的累进税率结构。

从生产要素一般税的内部税种来看，我国的个人所得税与国际上通常设置的个人所得税相比有三个特点。一是收入按性质区分，比如劳动所得、资本所得、利息所得等，不同性质的收入税负不一样。但是大部分西方市场经济国家是不分收入性质的。二是收入按次征收，而西方发达国家是按年计征的。三是免征额的扣除，我国是按次、按收入性质扣除不同的数额，而西方发达国家是按年、按家庭和赡养人口扣除（简称家计扣除）。这就表明，和增值税类似，我国的个人所得税实际上被分割为许多不同的税种，这对于同一性质的税基来说显然是不利于税收中性的。因此，综合所得税制应该是我国个人所得税改革的最终方向。也就是说，将个人全年所得的各项收入进行综合加总，减除法定宽免额和扣除额后，再统一按累进税率课征。目前我国明确推行分类和综合相结合的个人所得税改革，这对于构建中性生产要素税制来说，还是具有一定积极意义的。

8.2.1.2 简化特种税的税种设置

在我国的特种税方面，上文已有介绍，其主要根据"调节"目的来设置，存在大量的"目的税""行为税"等，从而导致我国重复征税严重，破坏私人经济的资源有效配置。

如前所述，特种税设置的经济学依据是一般税不能完全处理现实经济的复杂情况。典型地，包括以下两种情形：第一，是对有特殊公共需求的消费者征税，为提供特种公共商品融资；第二，是对负外部性生产者征税，为治理负外部性提供的特种公共商品融资。这就决定了特种税的范围不能太宽，数量也不宜太大。总之，特种税的设置应是建立在一般税无法解决问题基础之上的。

在商品劳务特种税中，关税、消费税、环境税是西方市场经济国家通常的选择。商品劳务特种税中还有一类是"费的税化"，例如汽油税、轮胎税可以替代高速路收费。而我国特种税相对而言就复杂得多，这就要求对我国的特种税进行简化。例如，我国消费税除了传统的对奢侈品征税，还包括其他税目，如在烟酒方面也有征税，但是除了消费税外，我国还有单独的烟叶税，这就导致了同一税基存在不同的特种税设置。除此之外，我国某些特种税的设置是为了给地方公共部门筹集收入，例如城市维护建设税。事实上，下文将会谈到，在一般税的基础上，地方公共部门再课征一般税附加是符合税收中性原则的，城市维护建设税实际上就可以归到这类范畴合并开征。

同样，在生产要素特种税方面，我国对土地收益开征的特种税较多。这些都可以根据明确的依据进行合并简化。

8.2.1.3 按"以支定收"设计税负

在税负设计上，我国公共部门对其设定并没有明确的依据，通常是按照收入筹集和调节目的来进行设计的，因此随意性较大。

在市场经济中，要形成公共预算的确定性约束，就应该严格按照"以支定收"的原则来设计税负。同时，这也是税收中性和预算中性的基本要求。

所以，要合理设计税负，首先就应该明确不同性质的公共商品和不同性质的税种之间的对应关系，并建立起相应的约束机制。在理论部分已有论述，按照预算中性原则，一般公共商品的生产成本应由一般税进行弥补，特种公共商品的生产成本应由相应的特种税进行弥补。但我国并没有按照这一要求形成制度安排。

在形成上述约束机制后，税负设计就应该明确按照上述原则进行确定，即一般税的税负明确由一般公共商品的支出需求来确定，特种税的税负明确由特种公共商品的支出需求来确定。由于公共商品的支出需求是和国民收入水平、消费者偏好、风俗习惯等因素有关，所以，只要经济的增长是稳定的，公共商品的支出需求也是稳定的，所以税负从理论上也可以是稳定的。

8.2.2 基于分税中性的分税安排改革

在对税制进行中性安排的基础之上，就需要按照分税中性的要求来对我国税种划分方式进行调整。目前我国的税种划分并不是基于分税中性的。其具体表现是，一方面，过于注重对税收收入的划分，而忽视了对税种性质的考虑；另一方面，地方税体系的不完善也影响了分税中性的实现。

分税中性是保证公共预算结构中性的基础，而公共预算的结构安排包括事权划分和财力分配两个方面，所以，本部分从我国事权划分、税种划分两个方面提出改革建议。

8.2.2.1 明晰事权划分

1994年分税制改革主要是对公共部门间的财力配置进行了调整，对事权划分的改变并不大。所以，我国公共预算中基本上还是沿用原包干体制下的事权划分模式。这一事权划分模式并不能很好地界定私人经济和公共经济、不同类型公共经济以及各级公共部门间的事权边界。在私人经济和公共经济的事权界定方面，我国公共部门承担了很多私人经济本可以承担的事务，但在类似民生投入等本应由公共部门履行的事权却长期出现"缺位"的现象。在不同类型的公共经济事权划分方面，我国不同类型预算的资金之间的边界并不明确，不同性质公共资金的调剂缺乏规则，这就导致公共预算的约束力出现软化。在不同级次的公共部门间事权划分方面，除了国防、外交等少数公共商品的提供被划归为中央政府的事权外，提供其他公共商品的事权基本上在中央和地方间进行重复划分，这导致了中央和地方支出的趋同和失衡(闫坤 等，2013)，导致了"中央拿钱干地方的事、地方拿钱干中央的事、共同拿钱干一样的事"的缺位、越位问题(许梦博 等，2014)。实际上，目前我国很多事权都是通过"一事一议"的方式来确定的，这就更加导致各级政府间事权缺乏约束(马海涛 等，2013)。

这就要求按照市场经济的基本要求，对我国公共部门的事权进行合理划分。首先，要对私人经济和公共预算所反映的事权边界进行明确的界定。排他性强的私人商品由于价格机制可以充分发挥作用，因此应由私人部门进行提供，公共部门原则上不应该对私人经济进行干预。排他性弱的公共商品的提供、基于机会公平的收入再分配以及保持微观中性的宏观调控则应该是公共预算的基本事权。

其次，要对不同性质的公共预算之间的边界进行明确界定。我国包括一般公共预算、政府性基金预算、国有资本经营预算和社会保险基金预算等四本预算。这四本预算所反映的公共经济职能的性质是有区别的,因此,其各自的收入和事权也存在性质上的差异。这就决定了四类预算的资金不能随意调剂。即使要相互统筹,也应该严格按照事权的性质进行调节。例如,从一般公共预算的税收收入中调入多少资金到社会保险基金预算,就需要先确定社会保险在多大程度上具有公共商品的属性;同样,从国有资本经营预算中调剂多少资金到一般公共预算,则应该主要基于企业纳税的形式,这是市场经济管理要求决定的。

最后,要对不同级次公共部门在公共预算中的事权的边界进行合理界定。从理论上说,为了保证税收中性和预算中性,在公共商品供给方面,应该将全国性公共商品以及开放性地方公共商品的外溢部分划为中央公共预算的事权,开放性地方公共商品的内部经济部分以及闭合性地方公共商品应划为地方公共预算的事权;在收入再分配方面,一般公共劳务均等化事权应归中央预算所有,社会救济类公共商品的事权原则上应归地方公共预算所有;宏观调控方面,则应由中央公共部门主导,地方予以配合。

8.2.2.2 按税种性质划分税种

在分税方面,我国主要是基于税收收入的划分,而非基于税种性质的划分,因此并不能保证公共预算的中性。按照我国现行分税方式,一方面,将增值税、企业所得税和个人所得税等流量税的一般税视为共享税,营业税被作为地方税。这种划分并不合理,例如,增值税按75∶25的比例在中央和地方分成,这实际上是假设增值额中有25%是由享受本地一般公共商品的居民贡献的。在流量一般税的附加税方面,我国设立了城市维护建设税和教育费附加,按照预算中性来说,其应该和其他地方一般税收入一起作为地方一般公共商品支出的来源,但这两个税种被都规定了专门用途。在地方税方面,房地产税作为重要的存量税,应该是地方一般税的主要税种。但我国现行房产税对居民和事业单位都是免税的，对企业按房产原值征税。因此房产税税基不能用于测量地方公共商品的受益情况，也就谈不上符合税收中性和预算中性原则了，同时也导致了地方主要税种的缺位。

所以，我国要对税种进行重新划分，就需要从以下两个方面着手：

第一，是按照税种性质对税种划分进行合理安排。对于流量税的一般税，应该将增值税、营业税、企业所得税和个人所得税划为中央税，让中央政府按照税收中性和预算中性的原则在地方间进行分配；对于特种税，应该按照特种公共商品的供给事权将对应的特种税在地方公共部门间进行配置。

第二，是理顺一般税附加的关系，完善地方税体系。在商品劳务一般税方面，可以采取商品劳务一般税附加的形式。当然，其应征收的税负原则上应该按照外地消费者从本地一般公共商品中所获得的受益进行判断。但我国现行的地方税中设立的城市维护建设税和教育费附加是不合适的。从这两个税种的名称看，似乎有专门的用途，应该建立基金，但城市维护建设和教育应该属于一般公共商品支出的范畴，不必，也不能建立此类专项基金。在生产要素一般税方面，地方公共部门可以考虑单独征收地方个人所得税的形式。例如在美国，联邦、州和地方都设立相应的个人所得税。从地方税体系来看，存量税中的房地产税通常是地方税的首选。但我国现行房产税对居民和事业单位都是免税的，对企业来说是按房产原值征税的，因此现行房产税税基不能用于测量地方公共商品的受益情况，也就谈不上符合预算中性原则了。所以，按照税收中性的要求对我国房地产税进行改革应该是完善地方税体系的重点。

当然，以上对税种设置和税种划分的建议并不是从税收收入筹集的角度来说的，特别是，某些税种的增加并非是从税源增加的角度来考虑的。在税负设计上，由于保证了税负设计应该和公共商品的支出需求对应，因此，税种的设置合理也应该是宏观税负稳定的基本前提。

8.2.3 基于转移支付中性的转移支付制度改革

在税制改革和分税改革的基础上，还需要按照转移支付中性的要求来对我国转移支付制度进行调整。由于缺乏预算中性的收支约束安排，我国转移支付的目标并不明确。我国的转移支付制度至少存在以下四种形式：共享税式的转移支付、体制分成、一般转移支付和专项转移支付。并且转移支付制度的资金分配制度不规范，导致我国转移支付难以实现公共劳务均等化和地区经济外溢性内部化的要求。所以，要改革我国的转移支付制度，就需要从转移支付的设置和分配两个方面来进行。

8.2.3.1 设置转移支付基金

由于税负水平由公共商品的支出需求确定，因此从总体上看，公共预算的事权和财力是匹配的。但是涉及公共预算的结构问题后，就需要通过转移支付制度来保证事权和财力在结构上也是匹配的。为了保证公共预算的确定性约束，可以按照税收中性的原则，根据财力和事权在结构上的矛盾，设立转移支付基金。

在一般转移支付方面，可以通过预算中性的原则明确其资金来源，设立一般转移支付基金。首先应该明确一般税收收入是满足一般预算支出需求的来源。这样，根据经验数据，很容易测算出建立一般转移支付基金的规模。例如，假定一般税收收入占 GDP 的比例是 15%，如果一般税收收入的 40% 用于满足中央预算中一般公共商品的支出需求，那么其余 60% 就形成中央预算一般转移支付的基金。如果说我国的商品劳务一般税由增值税和营业税组成，生产要素一般税由企业所得税和个税组成，那么应该规定它们收入的 60% 形成一般转移支付基金。

同样，在专项转移支付方面，可以根据税收中性设立专项转移支付基金。特种税的设置明确了其对应的特种公共商品的支出。所以就应该明确按相应的特种税来设立专项转移支付基金。例如关税可以形成专项转移支付基金,用于与国际贸易和国际投资相关的公共商品以及用于科学技术研究方面的专项补助。奢侈品消费税可以用来设立与扶贫相关的专项转移支付基金;环境税可以设立与环境治理相关的专项转移支付基金;等等。

8.2.3.2 规范转移支付基金的分配制度

转移支付基金成立以后,还需要明确其分配原则。税收中性和预算中性当然是分配转移支付基金的基本原则,但除此之外,一般转移支付基金的分配还要符合公共劳务均等化的目标;专项转移支付基金的分配还要符合外部经济内部化的目标。

对一般转移支付基金的分配来说,首先,中央公共部门要明确一般转移支付只能用于对地方一般公共商品的补助。其次,由于一般公共商品属于公共劳务均等化的范畴,因此中央政府在分配一般转移支付基金时,应该首先核定地方的一般公共商品支出需求和收入能力,以保证各地一般公共商品提供的均等化。支出需求是可以根据各地的人口数量、物价水平、风俗习惯等标准化的,并可以由此确定地方政府的支出需求水平。从地方收入能力来看,由于转移支付具有粘蝇纸效应,因此一般转移支付基金的分配要保证和地方政府激励相容。所以,对地方收入能力的核定,应根据各地的经济发展水平测算出经过努力可以实现的标准一般税收入。这样,各地一般公共商品的标准支出需求和标准一般税收入之间的差距就可以作为中央政府分配一般转移支付基金的依据。当然,地方的标准支出需求和标准一般税收入都是动态的,随着现实经济境况的好坏变化而不同。在某年,因经济境况好而有结余的一般转移支付基金,就应该结转下年使用,或者通过预算追加程序追加当年一般公共商品的支出,而不能违背税收中性原则调剂他用。在经济境况不好出现一般转移支付基金不足的情况时,那就需要相应减少当年的一般公共商品的支出,而不能调剂其他预算收入。

对于专项转移支付基金的分配来说，首先，要明确特种税只能用于地方特种公共商品的补助；其次，由于特种公共商品通常具有外部性，因此也需要中央公共部门根据外部经济的内部化情况来安排补助。和一般转移支付基金的分配方式一样，可以根据动态的标准化测算来进行具体的分配。

8.3 本章小结

我国现行的一般公共预算制度难以对公共部门的资源配置和收入分配活动形成确定性约束，也不能为公共部门的宏观调控提供合理的微观制度基础，从而使我国的市场经济发展处于不稳定的状态。为此，按照科学的经济学理论安排我国一般公共预算制度就是财政体制改革的核心命题。

从改革目标上说，我国一般公共预算制度应该符合公共预算确定性约束和公共预算中性的原则。具体来说，就是要按照税收中性、预算中性、分税中性和转移支付中性来设计我国公共预算制度，使其对公共经济形成确定性约束。这是市场经济的基本要求。

从改革的突破口和路径来说，由于税收中性和预算中性是总体上保证公共预算中性的基础，而分税中性和转移中性是结构上保证公共预算中性的保障，因此，应将税制作为公共预算制度改革的突破口，再按分税方式改革和转移支付制度改革的路径有序推进。

税制改革就是按照税收中性和预算中性的原则对我国税种设置和税负设计进行调整。其中一般税改革是税制改革的基础。具体来说，在税种设置方面，就是按照税种中性的原则统一我国的商品劳务一般税和生产要素一般税，进一步推进营改增，简化增值税制度、建立综合个人所得税制度都是其基本的要求；简化我国的特种税，按照税收中性要求对我国特种税税种进行梳理和撤并。在税负设计方面，首先要按照不同性质的税种和不同性质公共商品的对应关系形成公共预算内部约束机制，再根据一般公共商品的支出需求设计我国一般税税负；按照特种公共商品的支出需求来设计我国的特种税税负。

在此税制改革的基础之上，就可以按照分税中性的原则来对我国的分税方式进行调整。首先，要明确公共预算的事权边界，区分公共预算和私人经济、其他性质预算以及不同级次公共部门的公共预算的事权的界限。其次，要对我国的共享税模式进行调整。按照税种性质，将增值税、营业税、企业所得税和个人所得税作为中央税；按照特种公共商品的供给事权来在不同级次的公共部门之间划分特种税；在一般税的基础上，整合城市建设维护税等税种，考虑设置一般税附加作为地方公共部门的一般税来源；同时，根据税收中性的要求对房地产税进行改革，完善地方税体系。

在税制改革和分税改革的基础上，可以按照转移支付中性的要求对我国的转移支付制度进行改革。具体包括转移支付基金设置和转移支付基金分配制度改革两方面的内容。首先，一般税用于中央公共部门的一般公共商品的供给外的剩余部分可以设置一般转移支付基金，专门用于补助地方公共部门的一般公共商品的供给；同样，特种税可以根据相应特种公共商品的对应关系设置专项转移支付基金，专门用于补助地方公共部门的相应特种公共商品的供给。其次，在转移支付基金的分配方面，首先要满足预算中性这一基本原则，即一般转移支付基金只能补助地方公共部门在一般公共商品供给方面的资金短缺；专项转移支付基金只能补助地方公共部门在相应特种公共商品供给方面的资金短缺。除此之外，一般转移支付基金的分配还要符合公共劳务均等化的基本要求；专项转移支付基金的分配要符合外部经济内部化的要求。

参考文献

[1] 埃里克·弗鲁博顿，鲁道夫·芮切特，2012.新制度经济学：一个交易费用分析范式 [M]. 上海：格致出版社.

[2] 安体富，2011.我国宏观税负水平多维视角解析 [J]. 广东商学院学报，（1）：26-31.

[3] 蔡明超，费方域，朱保华，2009.中国宏观财政调控政策提升了社会总体效用吗？[J]. 经济研究，（3）：78-85.

[4] 陈德球，李思飞，钟昀珈，2012.政府质量、投资与资本配置效率 [J]. 世界经济，（3）：89-101.

[5] 陈强，2010.高级计量经济学及 Stata 应用 [M]. 北京：高等教育出版社.

[6] 陈志勇，陈思霞，2014.制度环境、地方政府投资冲动与财政预算软约束 [J]. 经济研究，（3）：76-87.

[7] 成立为，孙玮，孙雁泽，2009.地方政府财政支出竞争与区域资本配置效率：区域制造业产业资本配置效率视角 [J]. 公共管理学报，（2）：29-36.

[8] 邓子基，邓力平，1995.税收中性、税收调控和产业政策 [J]. 财政研究，（9）：32-35.

[9] 邓子基，唐文倩，2012.政府公共支出的经济稳定效应研究 [J]. 经济学动态，

（7）：19-24.

[10] 范子英,张军,2009.财政分权与中国经济增长的效率:基于非期望产出模型的分析[J].管理世界,（7）:15-25.

[11] 范子英,张军,2010.中国如何在平衡中牺牲了效率:转移支付的视角[J].世界经济,（11）:117-138.

[12] 方红生,张军,2009.中国地方政府竞争、预算软约束与扩张偏向的财政行为[J].经济研究,（12）:4-16.

[13] 付文林,2012.人口流动、增量预算与地方公共品的拥挤效应[J].中国经济问题,（1）:41-53.

[14] 付文林,耿强,2011.税收竞争、经济集聚与地区投资行为[J].经济学（季刊）,（4）:1329-1348.

[15] 傅晓霞,吴利学,2007.前沿分析方法在中国经济增长核算中的适用性[J].世界经济,（7）:56-66.

[16] 傅勇,张晏,2007.中国式分权与财政支出结构偏向:为增长而竞争的代价[J].管理世界,（3）:4-12,22.

[17] 高亚军,2008.公共产品供给与税负轻重问题[J].税务研究,（6）:11-15.

[18] 龚锋,雷欣,2010.中国式财政分权的数量测度[J].统计研究,（10）:47-55.

[19] 龚锋,卢洪友,2009.公共支出结构、偏好匹配与财政分权[J].管理世界,（1）:10-21.

[20] 龚六堂,2009.公共财政理论[M].北京:北京大学出版社.

[21] 龚旻,张帆,2015.中国地方政府的"相机抉择依赖症"与地区经济波动[J].当代财经,（3）:3-12.

[22] 郭庆旺,贾俊雪,2006.地方政府行为、投资冲动与宏观经济稳定[J].管理世界,（5）:19-25.

[23] 郭庆旺,贾俊雪,高立,2009.中央财政转移支付与地区经济增长[J].世

界经济,(12): 15-26.

[24] 郭庆旺, 贾俊雪, 刘晓路, 2007. 财政政策与宏观经济稳定:情势转变视角[J]. 管理世界,(5): 7-15.

[25] 郝颖, 刘星, 2011. 政府干预、资本投向与结构效率[J]. 管理科学学报,(4): 52-73.

[26] 贺大兴, 姚洋, 2011. 社会平等、中性政府与中国经济增长[J]. 经济研究,(1): 4-17.

[27] 宏观经济研究院课题组, 2005. 公共服务供给中各级政府事权、财权划分问题研究[J]. 宏观经济研究,(5): 3-7.

[28] 黄剑雄, 2004. 西方最优税收理论的发展及其政策启示[J]. 财贸经济,(2): 86-88.

[29] 黄少安, 陈斌开, 刘姿彤, 2012. "租税替代"、财政收入与政府的房地产政策[J]. 经济研究,(8): 93-106.

[30] 贾俊雪, 郭庆旺, 高立, 2010. 中央财政转移支付、激励效应与地区间财政支出竞争[J]. 财贸经济,(11): 52-57.

[31] 贾俊雪, 郭庆旺, 赵旭杰, 2012. 地方政府支出行为的周期性特征及其制度根源[J]. 管理世界,(2): 7-18.

[32] 贾晓俊, 岳希明, 2012. 我国均衡性转移支付资金分配机制研究[J]. 经济研究,(1): 17-30.

[33] 金戈, 2010. 经济增长中的最优税收与公共支出结构[J]. 经济研究,(11): 35-47.

[34] 李华, 任龙洋, 2013. 财政分权、预算约束与地方公共品供给效率[J]. 当代财经,(3): 35-43.

[35] 李绍荣, 耿莹, 2005. 中国的税收结构、经济增长与收入分配[J]. 经济研究,(5): 118-126.

[36] 理查德·马斯格雷夫，佩吉·马斯格雷夫，2003.财政理论与实践[M].北京：中国财政经济出版社.

[37] 李永友，2006.我国经济波动与财政政策波动的关联性分析关联性分析：兼论我国财政政策的相机抉择与自动稳定机制[J].财贸经济，(4)：73-80.

[38] 李永友，2004.我国税收负担对经济增长影响的经验分析[J].财经研究，(12)：53-65.

[39] 李永友，丛树海，2006.我国财政支出时滞的测算与分析：兼论我国财政货币政策在宏观调控中的相对重要性[J].统计研究，(10)：59-63.

[40] 李永友，丛树海，2005.我国相机财政政策的波动性研究[J].财经科学，(1)：143-152.

[41] 林毅夫，刘志强，2000.中国的财政分权与经济增长[J].北京大学学报(哲学社会科学版)，(4)：5-17.

[42] 凌岚，张玲，2011.财政透明度的限度与效率：对一个分析框架的诠释[J].当代财经，(6)：23-29.

[43] 刘大洪，张剑辉，2002.税收中性与税收调控的经济法思考[J].中南财经政法大学学报，(4)：94-99.

[44] 刘溶沧，马拴友，2002.论税收与经济增长：对中国劳动、资本和消费征税的效应分析[J].中国社会科学，(1)：67-76.

[45] 刘尚希，2013.基于国家治理的新一轮财政改革[J].当代经济管理，(12)：24-27.

[46] 刘笑霞，李建发，2008.中国财政透明度问题研究[J].厦门大学学报(哲学社会科学版)，(6)：34-41.

[47] 刘越飞，刘斌，2012.国外财政规则研究新进展及对我国的启示[J].金融理论与实践，(8)：103-106.

[48] 刘佐，2014.社会主义市场经济中的中国税制改革(1992—2013)[M].北京：

中国税务出版社.

[49] 楼国强, 2010. 竞争何时能有效约束政府 [J]. 经济研究, (12): 23-34.

[50] 卢洪友, 龚锋, 2007. 政府竞争、"攀比效应"与预算支出受益外溢 [J]. 管理世界, (8): 12-22.

[51] 卢洪友, 单新萍, 2012. 公民权利、民主预算与预算信息公开 [J]. 财政研究, (4): 19-21.

[52] 罗纳德·科斯, 王宁, 2013. 变革中国: 市场经济的中国之路 [M]. 北京: 中信出版社.

[53] 吕光明, 2012. 中国货币政策的宏观经济效应: 基于不同中介目标 SVAR 模型的比较分析 [J]. 财经问题研究, (3): 48-54.

[54] 马海涛, 任强, 程岚, 2013. 我国中央和地方财力分配的合意性: 基于"事权"与"事责"角度的分析 [J]. 财政研究, (4): 2-6.

[55] 马骏, 赵早早, 2011. 公共预算: 比较研究 [M]. 北京: 中央编译出版社.

[56] 马栓友, 2001. 宏观税负、投资与经济增长: 中国最优税率的估计 [J]. 世界经济, (9): 41-46.

[57] 马拴友, 于红霞, 2001. 转移支付与地区经济收敛 [J]. 经济研究, (3): 26-33.

[58] 米增渝, 刘霞辉, 刘穷志, 2012. 经济增长与收入不平等: 财政均衡激励政策研究 [J]. 经济研究, (12): 43-54.

[59] 聂辉华, 方明月, 李涛, 2009. 增值税转型对企业行为和绩效的影响: 以东北地区为例 [J]. 管理世界, (5): 17-24.

[60] 欧阳华生, 刘明, 余宇新, 2010. 我国税制税收超额负担定量研究: 基于 CGE 模型框架的分析 [J]. 财贸经济, (1): 63-67.

[61] 钱海刚, 2009. 财政分权、预算软约束与地方政府恶性竞争 [J]. 财政研究, (3): 17-19.

[62] 秦朵，宋海岩，2003.改革中的过度投资需求和效率损失：中国分省固定资产投资案例分析[J].经济学（季刊），（4）：807-832.

[63] 覃毅，2013.我国现行增值税的超额负担：兼论税制结构效率[J].经济学动态，（3）：36-41.

[64] 沈坤荣，付文林，2006.税收竞争、地区博弈及其增长绩效[J].经济研究，（6）：16-26.

[65] 沈坤荣，付文林，2005.中国的财政分权制度与地区经济增长[J].管理世界，（1）：31-39.

[66] 孙犇，宋艳伟，2012.官员晋升、地方经济增长竞争与信贷资源配置[J].当代经济科学，（1）：46-57.

[67] 孙文基，2013.公共治理和政治民主：我国政府预算透明度问题研究[J].财经问题研究，（8）：84-88.

[68] 孙玉栋，2009.论我国税收政策对居民收入分配的调节：基于主体税制的税收政策视角[J].财贸经济，（5）：46-52.

[69] 唐雪松，周晓苏，马如静，2012.政府干预、GDP增长与地方国企过度投资[J].金融研究，（8）：33-48.

[70] 陶然，陆曦，苏福兵，等，2009.地区竞争格局演变下的中国转轨：财政激励和发展模式反思[J].经济研究，（7）：21-33.

[71] 汪昊，2007.我国税收超额负担变化、原因与对策：基于税收平滑模型的分析[J].财贸经济，（5）：61-67.

[72] 王守坤，任保平，2008.中国省级政府间财政竞争效应的识别与解析：1978—2006年[J].管理世界，（11）：32-43.

[73] 王玮，2009.最低税负制：制度机理与政策选择[J].当代财经，（11）：36-40.

[74] 王文剑，覃成林，2008.地方政府行为与财政分权增长效应的地区性差异：基于经验分析的判断、假说及检验[J].管理世界，（1）：9-21.

[75] 王叙果，张广婷，沈红波，2012. 财政分权、晋升激励与预算软约束：地方政府过度负债的一个分析框架 [J]. 财政研究，（3）：10-15.

[76] 王雍君，2003. 全球视野中的财政透明度：中国的差距与努力方向 [J]. 国际经济评论，（4）：34-39.

[77] 吴京芳，2006. 对我国税制结构的分析及建议 [J]. 税务研究，（11）：18-20.

[78] 吴俊培，2009. 公共经济学 [M]. 武汉：武汉大学出版社.

[79] 吴俊培，2012. 中国地方政府预算改革研究 [M]. 北京：中国财政经济出版社.

[80] 吴俊培，陈思霞，2013. 税收和政府转移支付的经济稳定效应分析 [J]. 税务研究，（7）：10-15.

[81] 吴俊培，龚旻，2014. 试析我国增值税的非中性效应 [J]. 税务研究，（7）：39-46.

[82] 吴俊培，王宝顺，2012. 我国省际间税收竞争的实证研究 [J]. 当代财经，（4）：30-40.

[83] 吴俊培，杨灿明，许建国，2001. 现代财政学 [M]. 北京：中国财政经济出版社.

[84] 吴俊培，张帆，2014. 对我国税收收入结构分析及改革方向探讨 [J]. 经济问题探索，（5）：13-20.

[85] 吴俊培，张青，2003. 我国税制改革的优化路径：最优税收理论模型及政策分析 [J]. 税务研究，（5）：7-13.

[86] 肖鹏，李燕，2011. 预算透明：环境基础、动力机制与提升路径 [J]. 财贸经济，（1）：21-25.

[87] 谢作诗，李善杰，2012. 软预算约束的原因与性质：综述及评论 [J]. 产业经济评论，（1）：109-125.

[88] 许梦博，王泽彩，2014. 结构性视角：事权与支出责任的适应性浅析 [J]. 财政研究，（1）：13-15.

[89] 薛钢,2011.我国宏观税负的经济分析与优化路径[J].中南财经政法大学学报,(3):63-67.

[90] 亚当·斯密,2014.国民财富的性质和原因的研究[M].北京:商务印书馆.

[91] 严成樑,龚六堂,2009.财政支出、税收与长期经济增长[J].经济研究,(6):4-15.

[92] 闫坤,于树一,2013.论我国政府间财政支出责任的"错配"和"纠错"[J].财政研究,(8):14-18.

[93] 杨华军,胡弈明,2009.制度环境与自由现金流的过度投资[J].管理世界,(9):99-106.

[94] 姚洋,杨雷,2003.制度供给失衡和中国财政分权的后果[J].战略与管理,(3):27-33.

[95] 叶子荣,林翰,2007.我国的税收竞争异化与税权制度创新[J].税务研究,(2):18-22.

[96] 殷德生,2004.最优财政分权与经济增长[J].世界经济,(11):62-71.

[97] 袁志刚,欧阳明,2003.宏观经济学[M].上海:上海人民出版社.

[98] 张恒龙,陈宪,2006.财政竞争对地方公共支出结构的影响:以中国的招商引资竞争为例[J].经济社会体制比较,(6):57-64.

[99] 张五常,2010.科学说需求[M].北京:中信出版社.

[100] 张馨,康锋莉,2007.中国相机抉择型财政政策:时间一致性分析[J].管理世界,(9):17-26.

[101] 张晏,龚六堂,2005.分税制改革、财政分权与中国经济增长[J].经济学(季刊),(1):75-108.

[102] 赵倩,2009.财政信息公开与财政透明度:理念、规则与国际经验[J].财贸经济,(11):61-65.

[103] 赵文哲,周业安,2009.基于省际面板的财政支出与通货膨胀关系研究

[J]. 经济研究，(10)：48-60.

[104] 赵志耘，吕冰洋，2006. 财政支出政策对宏观经济影响的时滞分析 [J]. 财贸经济，(10)：29-33.

[105] 中国经济增长与宏观稳定课题组，2006. 增长失衡与政府责任：基于社会性支出角度的分析 [J]. 经济研究，(10)：4-17.

[106] 周坚卫，罗辉，2011. 从"事与权"双视角界定政府间事权建立财力与事权相匹配的转移支付制度 [J]. 财政研究，(4)：11-14.

[107] 周黎安，2004. 晋升博弈中政府官员的激励与合作：兼论我国地方保护主义和重复建设问题长期存在的原因 [J]. 经济研究，(6)：33-40.

[108] 周黎安，2007. 中国地方官员的晋升锦标赛模式研究 [J]. 经济研究，(7)：36-50.

[109] 周业安，2003. 地方政府竞争与经济增长 [J]. 中国人民大学学报，(1)：97-103.

[110] 周业安，冯兴元，赵坚毅，2004. 地方政府竞争与市场秩序的重构 [J]. 中国社会科学，(1)：56-65.

[111] 周业安，章泉，2008. 财政分权、经济增长和波动 [J]. 管理世界，(3)：6-15.

[112] 庄子银，邹薇，2003. 公共支出能否促进经济增长：中国的经验分析 [J]. 管理世界，(7)：4-12.

[113] 踪家峰，胡艳，周亮，2012. 转移支付能提升产业集聚水平吗？[J]. 数量经济技术经济研究，(7)：18-32.

[114] AFONSO A, FURCERI D, 2010. Government size composition, volatility and economic growth[J]. European journal of political economy, (26): 517-532.

[115] AIGNER J, LOVELL K, SCHMIDT P, 1977. Formulation and estimation of stochastic frontier production function models[J]. Journal of econometrics, (6): 21-37.

[116] ALBUQUERQUE B, 2011. Fiscal institutions and public spending volatility in Europe[J]. Economic modelling, (28): 2544-2559.

[117] ALESINA A, CAMPANTE F, TABELLINI G, 2008. Why is fiscal policy often procyclical?[J]. Journal of the European economic association, (5): 1006-1036.

[118] ALESINA A, PEROTTI R, 1996. Income distribution, political instability, and investment[J]. European economic review, (40): 1203-1228.

[119] AYRES I, LEVITT D, 1998. Measuring positive externalities from unobservable victim precaution: an empirical analysis of lojack[J]. Quarterly journal of economics, (108): 43-77.

[120] BADINGER H, 2009. Fiscal rules, discretionary fiscal policy and macroeconomic stability: an empirical assessment for OECD Countries[J]. Applied economics, 41: 829-847.

[121] BARRO R, 1977. Unanticipated money growth and unemployment in the United States[J]. American economic review, (2): 101-115.

[122] BASKARAN T, 2011. Soft budget constraints and strategic interactions in subnational borrowing: evidence from the German States, 1975-2005[J]. Journal of urban economics, 71: 114-127.

[123] BATTESE G, COELLI T, 1995. A model for technical inefficiency effects in a stochastic frontier production function for panal data[J]. Empirical economics, (20): 325-332.

[124] BATTESE G, COELLI T, 1992. Frontier production functions, technical efficiency and panel data: with application to Paddy farmers in India[J]. Journal of productivity analysis, (3): 153-169.

[125] BLANCHARD O, SHLEIGER A, 2000. Federalism with and without political centralization: China versus Russia[J]. NBER working paper: 7616.

[126] BLANCHARD O, SIMON J, 2001. The long and large decline in U.S. output volatility[J]. The brookings institution, (1): 135-174.

[127] BLUNDELL R, BOND S, 1998. Initial conditions and moments restrictions in dynamic panel data models[J]. Journal of econometrics, (87): 115-143.

[128] BOADWAY R, MARCEAU N, MARCHAND M, 1996. Investment in education and the time inconsistency of redistribution tax policy[J]. Econometric, (63): 171-189.

[129] BUTLER J, MOFFITT R, 1982. A computationally efficient quadrature procedure for the one factor multinomial probit model[J]. Econometric, (50): 761-764.

[130] CAI H, TRAISMAN D, 2005. Competition for capital discipline governments? Decentralization, globalization and public policy[J]. The American economic review, 95(3): 817-830.

[131] CATRINA I, 2014. Budget constraints and political behavior in democracy[J]. Procedia economics and finance, (15): 214-220.

[132] CAVES D, CHRISTENSEN L, DIEWERT E, 1982. The economic theory of index numbers and the measurement of input, output, and productivity[J]. Econometrica, (50): 1393-1414.

[133] CHARI J, LONES L, MARIMON R, 1997. The economics of split-ticket voting in representative democracies[J]. American economic review, (52): 957-976.

[134] CHARNES A, COOPER W, RHODES E, 1978. Measuring the efficiency of decision making units[J]. European journal of operation research, (2): 429-444.

[135] DEBRUN X, MOULIN L, TURRINI A, et al, 2008. Tied to the mast? National fiscal rules in the European Union[J]. Economic policy, (23): 297-362.

[136] FABRIZIO S, MODY A, 2006. Can budget institutions counteract political indiscipline?[J]. Economic policy, (48): 690-739.

[137] FATÁS A, MIHOV I, 2006. The macroeconomic effects of fiscal rules in the US states[J]. Journal of public economics, (90): 101-117.

[138] FATÁS A, MILOV I, 2003. The case for restricting fiscal policy discretion[J]. Quarterly journal of economics, (4): 1419-1447.

[139] FEREJOHN J, 1986. Incumbent performance and electoral control[J]. Public choice, (50): 5-25.

[140] FEREJOHN J, KREHBIEL K, 1987. The budget process and the size of the budget[J]. American journal politics science, (31): 296-320.

[141] GALI J, PEROTTI R, 2003. Fiscal policy and monetary integration in Europe [J]. Economic policy, (18): 533-572.

[142] HAGEN J, HARDEN I, 1995. Budget processes and commitment to fiscal discipline[J]. European economic review, (39): 771-779.

[143] HALLERBERG M, STRAUCH R, HAGEN J, 2007. The design of fiscal rules and forms of governance in European Union countries[J]. European journal of political economy, (23): 338-359.

[144] HALLERBERG M, STRAUCH R, 2002. On the cyclicality of public finances in Europe[J]. Empirica, (29): 183-207.

[145] HECLO H, WILDAVSKY A, 1981. The private government of public money [M]. London: Palgrave Macmillan.

[146] HERCOWITZ Z, STRAWCZYNSKI M, 2004. Cyclical ratcheting in government spending[J]. Review of economics and statistics, (86): 353-361.

[147] HOLMHADULLA F, HAUPTMEIER S, ROTHER P, 2012. The impact of expenditure rules on budgetary discipline over the cycle[J]. Applied economics,

(44): 3287-3296.

[148] HOLTZ-EAKIN D, NEWEY W, ROSEN H, 1988. Estimating vector autoregressions with panel data[J]. Econometrica, (56): 1371-1395.

[149] HSIEH CH, KLENOW P, 2010. Development accounting[J]. American economic journal: Macroeconomics, (1): 207-223.

[150] JHA S, MALLICK S, PARK D, et al, 2014. Effectiveness of countercyclical fiscal policy: evidence from developing Asia[J]. Journal of macroeconomics, (40): 82-98.

[151] JONER L, MANUELLI R, ROSSI P, 1997. On the optimal taxation of capital income[J]. Journal of economic theory, (1): 93-117.

[152] KHAN A, HILDRETH W, 2002. Budget theory in the public sector[M]. Westport: Greenwood Publishing Group.

[153] KORNAI J, 1986. The soft budget constraint[J]. Kyklos, (39): 3-30.

[154] KYDLAND F, PRESCOTT E, 1980. Dynamic optimal taxation, rational expectations and optimal control[J]. Journal of economic dynamics and control, (2): 79-91.

[155] KYDLAND F, PRESCOTT E, 1977. Rules rather than discretion: the inconsistency of optimal plans[J]. Journal of political economy, (3): 473-491.

[156] LANE P, 2003. The cyclical behaviour of fiscal policy: evidence from the OECD[J].Journal of public economics, (87): 2661-2675.

[157] LANE P, TORNELL A, 1988. Why aren't savings rates in Latin America procyclical?[J]. Journal of development economics, (57): 185-199.

[158] LEE D, JOHNSON W, JOYCE G, 2008. Public budgeting systems[M]. Boston: Jones and Bartlett Publishers.

[159] LUCAS R, 1988. On the mechanics of economic development[J]. Journal of

monetary economics, (1): 3-42.

[160] MEEUSEN W, BROECK J, 1977. Efficiency estimation from Cobb-Douglas production functions with composed error[J]. International economic review, (18): 435-444.

[161] MELECKY A, MACHACEK M, 2010. The role of national and supranational fiscal rules-international evidence and situation in the Czech Republic[J]. Journal of applied economic sciences, (5): 375-382.

[162] MILESI-FERRETTI G M, 2003. Good, bad or ugly? On the effects of fiscal rules with creative accounting[J]. Journal of public economic, (88): 377-394.

[163] MIRRLEES J A, 1971. An exploration in the theory of optimun income taxation[J]. Review of economic studies, (2): 175-208.

[164] OATES W, 1999. An essay on fiscal federalism[J]. Journal of economic literature, (3): 1120-1149.

[165] OATES W, 2005. Toward a second-generation theory of fiscal federalism[J]. Inter-national tax and public finance, (12): 349-373.

[166] OLSON M, 2000. Power and prosperity: outgrowing communist and capitalist dictatorships[M]. New York: Basic Books.

[167] POTERBA J, VON HAGEN J, 1999. Introduction in fiscal institutions and fiscal performance[M]. Chicago: University of Chicago Press.

[168] QIAN Y Y, ROLAND G, 1998. Federalism and the soft budget constrain[J]. American economic review, (88): 1143-1162.

[169] QIAN YY, WEINGAST R B, 1997. Federalism as a commitment to preserving market incentives[J]. Journal of economic perspectives, (11): 83-92.

[170] RAMEY G, RAMEY V, 1995. Cross-country evidence on the link between volatility and growth[J]. American economic review, 85: 1138-1151.

[171] REVELLI F, 2001. Spatial patterns in local taxation: tax mimicking or error mimicking?[J]. Applied economics, (33): 1101-1107.

[172] SACCHI A, SALOTTI S, 2014. The impact of national fiscal rules on the stabilisation function of fiscal policy[J]. European journal of political economy, (37): 1-20.

[173] SCHALTEGGER L, FELD L, 2009. Are fiscal adjustments less successful in decentralized governments?[J]. European journal of political economy, 25(1): 115-123.

[174] SHI M, SVENSSON J, 2006. Political budget cycles: do they differ across countries and why?[J]. Journal of public economics, 90(8/9): 1367-1389.

[175] SOLOW R, 1957. Technical change and the aggregate production function[J]. Review of economics and statistics, 39(3): 312-320.

[176] STIGLITZ J, WALSH C, 2000. Economics of the pblic sector[M]. New York: W. W. Norton & Company.

[177] STIGLITZ J, WALSH C, 2006. Economics[M]. New York: W. W. Norton & Company.

[178] TALVI E, VEGH C, 2005. Tax base variability and procyclical of fiscal policy [J]. Journal of development economics, 78(1): 156-190.

[179] TANZI V, 2011. Government versus markets[M]. Cambrige: Press of University of Cambridge.

[180] TIEBOUT C, 1956. A pure theory of local expenditures[J]. Journal of political economy, (5): 416-424.

[181] TORNELL A, LANE P, 1999. The voracity effect[J]. American economic review, 89(1): 22-46.

[182] VON HAGEN J, HARDEN J, 1995. Budget processes and commitment to

fiscal discipline[J]. European economics review, 39(3/4): 771-779.

[183] WANG H J, SCHMIDT P, 2002. One-step and two-step estimation of the effects of exogenous variables on technical efficiency levels[J]. Journal of productivity analysis, 18(2): 129-144.

[184] WILSON J D, 1999. Theories of tax competition[J]. National tax journal, 52(2): 269-304.

[185] WONG C P W, 2000. Central-local relations revisited: the 1994 tax-sharing reform and public expenditure management in China[J]. China perspectives, (31): 52-63.

[186] WOOLDRIDGE J, 2009. Introductory econometrics: a modern approach[M]. Stanford:CENGAGE Learning.

[187] WU J, GONG M, 2014. A study on budget transparency: an analytical framework for tax-sharing system transparency[J]. China finance and economic review, (2): 27-43.

[188] WYPLOSZ C, 2005. Fiscal policy: institutions versus rules[J]. National institute economic review, (191): 64-78.

[189] YOUNG A, 2000. The Razor's edge: distortions and incremental reform in the People's Republic of China[J]. Quarterly journal of economics, (4): 1091-1135.

[190] ZHANG T, ZOU H F, 1998. Fiscal decentralization, public spending, and economic growth in China[J]. Journal of public economics, 67(2): 221-240.